Liebe Frauen (Hallo Männer!),

für jeden Mist auf dieser Welt gibt es umfangreiche Bedienungsanleitungen. Für Föne, aufblasbare Swimmingpools, elektrische Nasen-
haarschneider und vollautomatische Christbaumständer. Ja, selbst
für linksdrehende Joghurts, falls die mal die Richtung ändern sollen.
Nur für das *komplizierteste* und *störungsanfälligste*, gleichzeitig aber
auch *tollste aller Produkte* gibt es noch nicht mal einen Beipackzettel
mit Kurzanweisung.

Das muss sich ändern!

Hier kommt die erste nahezu vollständige »Bedienungsanleitung
Mann«. *(Gut, was heißt vollständig, für den Erst- und Alltagsgebrauch
wird sie reichen, versprochen!)*

Micky Beisenherz, Jahrgang 1977, arbeitet als Unterhaltungsredakteur
und Moderator bei Radio NRW, schreibt Bühnenprogramme für die
deutsche Comedy-Elite sowie Showformate fürs Fernsehen. Micky
Beisenherz lebt in Bochum und Hamburg.

Unsere Adresse im Internet: www.fischerverlage.de

Micky Beisenherz

bedienungsan!eitung mann

So macht Frau
ihn funktionstüchtig

Fischer Taschenbuch Verlag

2. Auflage: November 2010

Originalausgabe
Erschienen im Fischer Taschenbuch Verlag,
einem Unternehmen der S. Fischer Verlag GmbH,
Frankfurt am Main, Juni 2010

© S. Fischer Verlag GmbH, Frankfurt am Main 2010
Bildrechte Innenteil: Micky Beisenherz
Umschlagfoto und Bildbearbeitung: Markus Hauschild
Satz: Pinkuin Satz und Datentechnik, Berlin
Druck und Bindung: Himmer AG, Augsburg
Printed in Germany
ISBN 978-3-596-18675-4

INHALT

SICHERHEITSHINWEIS

Achtung: Lesen Sie vor der ersten Inbetriebnahme Ihres Mannes diese Bedienungsanleitung gründlich durch und beachten Sie unbedingt die Sicherheitsvorschriften!

Important: Thoroughly read the manual before operating this man. It is imperative that all safety rules and regulations be observed!

Important: Avant faire marcher cette tondeuse à gazon, il faut complètement lire ce manuel. Il est nécessaire de suivre ces précautions de sécurité.

Importante: Leer atentamente el manual antes de comenzar a utilizar la cortadora de césped. Es obligatorio observar todas las normas de seguridad y reglamentaciones.

VORBEMERKUNGEN

Vielen Dank, dass Sie sich für einen Mann entschieden haben. Sie werden es nicht bereuen.

Bitte nehmen Sie sich Zeit für die Lektüre dieser Bedienungsanleitung, Sie werden es sich und Ihrem Mann später danken. Unüberlegte und spontane Inbetriebnahmen können zu irreparablen Schäden führen.

Ihr Mann ist ein **Universaltool**. In Perfektion designt und von zeitloser Schönheit. *(Nun ja, meistens, oder zumindest vom Werk aus!)*

Er kann viel mehr, als Sie für möglich halten, und Sie werden lange Freude an ihm haben, wenn Sie ihn entsprechend der allgemeingültigen Pflegeanforderungen behandeln und artgerecht halten. Solange Sie sich an den Empfehlungen dieses kostbaren Schriftstücks orientieren, kann Ihnen nichts Besseres passieren als Ihr Mann. Er ist (wie) geschaffen, um Ihnen das Leben zu erleichtern, Tage und Wochen seine vielfältigen Entertainment-Features zu genießen oder schlicht neidvolle Blicke der Nachbarn zu kassieren.

Egal, ob im Haushalt, in der Freizeit, beim Sport, im In- oder Ausland, im Einwohnermeldeamt oder an der Quelle des Amazonas, bei Ihrer Mutter oder Tante Gundel, sogar beim Schlafen mit und ohne ihn: Ein Mann macht *immer* Freude.

Seien Sie versichert, hier ein absolutes **Must-Have*** zu besitzen.

Seit Jahrhunderten wird der Mann in liebevoller Manier von Hand gemacht und individuell auf Ihre Bedürfnisse zu-

---

* »Musse-Haben« *(der Übersetzer)*

geschnitten. Egal, ob klein, groß, schwarz, weiß, jung, mittel-alt oder well done – für jedes Bedürfnis ist das richtige Modell erhältlich.

- *Sie wollen schwere Dinge von A nach B bewegen?*
  Der Mann mit seinen beiden Greifwerkzeugen und dem ausgeklügelten Laufwerk ist ideal für schwere Arbeiten.
- *Sie wollen langweilige Nachmittage aufregend gestalten?*
  Bedienen Sie sich einfach seiner mannigfaltigen *(tolles Wort-spiel, was?)* Unterhaltungs-Features.
- *Sie benötigen Schutz in öffentlichen Verkehrsmitteln oder Park-häusern?*
  Nutzen Sie die umfassenden Security-Applikationen wie »Kopfnuss«, »Eiertritt« oder »Ohrlaschen-Tsunami«.

Kurz: Nicht umsonst ist der Mann absoluter Marktführer und erfreut sich ungebrochener Beliebtheit bei Jung und Alt – ein Klassiker wie Porsche, das Chesterfield-Sofa oder der Eier-becher.

Optisch formvollendet, mit beeindruckenden **Kapazitäten und Tools, die sie nicht extra runterladen müssen** (!), Fähig-keiten und endlosen Talenten, an denen sich selbst das Modell »Siegel« vor Glück die Tränensäcke leer heulen würde.

Und das Beste: Ihr Mann ist bereits voll ausgestattet, Ihnen entstehen keine weiteren Zusatzkosten, und eine langfris-tige Vertragsbindung entsteht nur, wenn Sie das so wollen! Ansonsten bleiben Sie als Frau die Herrin im Hause … wer sonst?!

Diese Bedienungsanleitung soll Ihnen eine Einführung in die **Grundfunktionen** und **Leistungsmöglichkeiten** Ihres Man-nes geben. Erleben Sie mit Ihrem Mann einen völlig neuen Kosmos. Eine Welt voller Abenteuer und garantierter Über-raschungen. Auch wenn kein Mann dem anderen gleicht, die

Grundfunktionen und Systemvoraussetzungen sind bei allen gleich. *(Nun ja, also fast.)*

In dieser wunderbaren Hilfe zur Bedienung Ihres Mannes gehe ich ausdrücklich nur von einer *»normalen« Verwendung* aus. Zur Bedienung von Sondermodellen oder zum Einsatz an ungewöhnlichen Orten oder in Lebenssituationen, die besondere Phantasie und Leidenschaft voraussetzen, entnehmen Sie weiterreichende Informationen bitte der üblichen Fachliteratur (also z. B. der Bunten, dem Kicker oder der Fleischereiumschau).

Hiermit stelle ich Ihnen lediglich den ganzen normalen Alltagseinsatz Ihres Mannes vor, so wie ihn Millionen anderer glücklicher und zufriedener Vorbesitzer seit Ewigkeiten zu schätzen wissen. Wenn Sie – und ich wiederhole das ganz bewusst noch einmal – die Hauptkapitel dieser Anleitung sorgfältig lesen, kann Ihnen auf Ihrem Weg zum Glück mit Ihrem Mann nichts mehr passieren. *(Aber Sie denken vermutlich eh wieder, Sie kriegen es ohne hin, oder? Nein, kriegen Sie* nicht!!!*)*

Bitte beachten Sie zunächst, dass sich einige Fertigkeiten, Uneigenarten und Talente Ihres Mannes **auch ohne Ihr aktives Zutun** entwickeln können. Dies kann unter bestimmten Umständen auch zu unerwarteten Ereignissen führen, die aber das Zusammenleben mit Ihrem Mann nicht im Mindesten stören werden, wenn Sie diese Bedienungsanleitung sorgfältig studieren. *(Sagte ich das schon?)*

Um größtmögliche Benutzerfreundlichkeit zu gewährleisten, finden Sie anstelle gängiger Strichzeichnungen, die Sie aus herkömmlichen Bedienungsanleitungen kennen, in diesem Werk fotorealistische Darstellungen des Modells »Micky« in lebensechten Alltagssituationen. Echter geht's nicht. *(Abgesehen davon bietet es mir eine gute Gelegenheit, meine Profilneurose größtmöglich auszuleben. Danke für Ihr Verständnis.)*

Sollten Sie über diese Anleitung hinaus noch Fragen haben, können Sie sich jederzeit an mich wenden. Ich helfe gerne – ich bin ein Mann.

Für den Erzeuger
Micky Beisenherz
Bochum / Castrop-Rauxel / Hamburg 2009

Modell »Micky«:
Achtung, Sonderausstattung
(nicht serienmäßig)

ERSTE SCHRITTE:
Auspacken, installieren, in Betrieb nehmen

Bitte sorgen Sie dafür, dass Ihre Umgebung sauber und geruchsneutral ist – für das Gegenteil sorgt Ihr Mann von ganz alleine. Dann kann es auch schon losgehen.

Schritt 1:
Befreien Sie ihn zunächst von sämtlichen Verpackungsmaterialien, Staubfäden und Ähnlichem.

Sprechen Sie ihn nicht sofort an, da sich dadurch direkt eine ⚠ Prägephase einleitet, und solange Sie sich nicht sicher sind, diesen Mann behalten zu wollen, sollten Sie jede emotionale Bindung im eigenen Interesse zunächst vermeiden.

Schritt 2:
Legen Sie Ihren Mann stattdessen erst einmal ausgestreckt hin. Das schafft Vertrauen und lässt Sie die Vollständigkeit Ihres frisch erworbenen Mannes besser kontrollieren. Warten Sie ca. fünf Minuten, bevor Sie mit Schritt 3 fortfahren.

Bitte beachten Sie besonders zu Beginn diese Basics:
- Setzen Sie Ihren Mann unter keinen Umständen folgenden Einflüssen aus: extremer Hitze, extremer Kälte, neugierigen Nachbarn, Chips, Bier und gierigen Blicken.
- Schützen Sie Ihren Mann außerdem vor Nässe, Staub,

aggressiven Flüssigkeiten und Dämpfen. Diese anfänglliche Empfindlichkeit kann sich später schnell legen und ins Gegenteil wandeln – muss aber nicht.

- Ihr Mann hat eine vorprogrammierte Reichweite von bis zu 300 Metern im freien Gelände, in Gebäuden bis zu 50 Metern. Diese Angaben können je nach Laune, Gemütlichkeit und Freiheitsdrang Ihres Mannes stark variieren. Bitte bereits bei der Modellwahl beachten, so etwas ist später kaum noch umprogrammierbar.

- In einigen Ländern sind spezifische Männerbedingungen gültig. Fragen Sie im Zweifelsfall Ihren Händler (Mutter, Vater, Freunde, den dunklen Typen am Strand, der beim Leben seiner 13 Kinder geschworen hat, dass alles »oridschinell« ist). Er ist als Lieferant Ihres Mannes zumindest theoretisch verantwortlich. Also ... sehr theoretisch.

Schritt 3:

Nun ist es Zeit, Ihren Mann anzusprechen. Achten Sie dabei auf eine saubere Aussprache und einen unverbindlichen Tonfall.

Schritt 4:

Achten Sie nun ausschließlich auf seine Reaktionen. Sollte der Mann Ihnen bereits nach der ersten Ansprache folgen (z. B. mit Dackelblick), ist er bereits im Besitz seiner geistigen Grundvoraussetzungen. Falls nicht, wiederholen Sie die Schritte 2 bis 4 mehrfach.

Sollten die Schritte 2 bis 4 auch nach mehrfacher Wiederholung zu keiner brauchbaren Reaktion führen, suchen Sie bitte das Verpackungsmaterial wieder zusammen und beten Sie, dass Sie die Originalrechnung noch haben.

Schritt 5:

Nach erfolgter Reaktion lassen Sie Ihren Mann auf keinen Fall aus den Augen, sondern zeigen Sie ihm Ihre Zuneigung. Übrigens: Ihn zu zwingen, Sie stundenlang zu massieren, ist **keine** Zuneigung.

Damit ist Ihr Mann bereits erfolgreich installiert und grundsätzlich einsatzfähig. Glückwunsch! Bevor Sie nun mit ihm die Welt (z. B. Paris) erkunden, sollten Sie sich schleunigst einen Überblick über die wichtigsten Produktmerkmale, Einzelteile *(ja, es gibt mehrere)* und Verwendungsmöglichkeiten *(ja, auch hiervon gibt es mehr als eine)* verschaffen.

Paris – wunderschöne Stadt

DAS ÄUSSERE:
Die wichtigsten Einzelteile und Bedienelemente von A bis Z

Machen wir uns nichts vor: Wichtiger als seine inneren Eigenschaften sind seine äußeren. Und Sie haben recht, einen guten Charakter hat auch ein Zweitakt-Rasenmäher ohne ABS. Deshalb möchte ich Sie im Folgenden zunächst einmal mit dem Äußeren Ihres Mannes bekannt machen. Vieles von dem, was Sie gleich erfahren werden, glauben Sie bereits zu kennen, aber seien Sie versichert, es gibt noch viel mehr an ihm zu entdecken! Gehen Sie mit mir auf eine Entdeckungsreise und erkunden Sie die Hardware Ihres Mannes.

A WIE ARM

Beim (Greif-)Arm haben wir es mit einem sensationellen Feature Ihres Mannes zu tun. Diesen vielseitig einsetzbaren Hebel finden Sie sowohl auf der linken als auch auf der rechten Seite des Oberkörpers, direkt an den Schultern eingehängt. Der Arm setzt sich zusammen aus den Teilbereichen Oberarm, Ellenbogen sowie Unterarm. Signifikanteste Bestandteile des Oberarms sind die beiden Muskeln, der Beuger (Bizeps) und der Strecker (Trizeps). Wie bei allen Männern wird das Basismodell mit normalem Bizeps bzw. Trizeps

ausgeliefert. Durch erhöhte Trainingsintensität und/oder Betankung (z. B. Steroide) lassen sich Dicke und Belastbarkeit beliebig steigern. So kann speziell der Bizeps vom muskulären Flachland bis hin zum subkutanen Ei oder gar auf Honigmelonengröße anwachsen!

> **TIPP** Auch wenn es Ihnen speziell sogar zusagen mag – bedenken Sie, dass ein Oberarm, der optisch an eine Anakonda erinnert, die einen Hirsch verschlingt, bei vielen anderen Befremden auslösen wird. Obendrein wird man Ihrem Mann akute Dummheit (»Morbus Möller«) unterstellen. Versuchen Sie dies zu vermeiden, indem Sie die Trainingsintensität Ihres Mannes kritisch überwachen. Dann müssen Sie sich nie für Ihren Mann schämen.
> Und ständig seine City-Hemden an den Ärmeln aufschneiden – das wollen Sie doch auch nicht, oder?

⚠ Sollte Ihr Mann versucht sein, schon im frühen Stadium seines Körperertüchtigungsstadiums auf Muskelshirts umzusteigen, bedenken Sie die eherne Regel: »Erst die Muskeln – dann das Shirt!«

Der Arm Ihres Mannes erfüllt natürlich weit mehr als den simplen Zweck, durch seine Formschönheit zu begeistern. Nein, er dient Ihnen für reichlich Entlastung in Haushalt und Garten (siehe auch das Kapitel »Verwendungsmöglichkeiten«).

Gekoppelt an die → Hand kann ein (Greif-)Arm erstaunlich schwere und komplexe Lasten von A nach B transportieren. Testen Sie es beim nächsten Shopping-Bummel mit Ihren Einkaufstüten gleich mal aus. Sie werden begeistert sein! Auch die 87 Schubkarren voll Kies bei der Umgestaltung des Gartens schafft Ihr Mann mit seinen zwei Armen spielend.

Eine Sonderfunktion kommt dem durch ein Kugelgelenk mit dem Oberarm verbundenen Unterarm zu. Dieser wirkt in der Regel optisch deutlich unspektakulärer als der obere Teil des Arms, ist aber ebenfalls in der Lage, erstaunliche Kräfte zu entwickeln. So haben unzählige zufriedene Kundinnen im »Harmstorf-Modus« die Fähigkeit genutzt, durch gezielten Unterarmdruck aus rohen Kartoffeln leckeres Püree herzustellen.
Außerdem kann ein kräftiger Händedruck Ihres Mannes im Rahmen einer Abendveranstaltung Ihren Respekt bei allen Anwesenden deutlich steigern – zumindest Ihre Sicherheit dürfte an diesem Abend gewährleistet sein.

Sein kräftiger Unterarm könnte Ihren Mann dazu verleiten, ⚠ sich in einem launigen Wettstreit mit anderen Männern beim sogenannten »Armdrücken« zu messen. Sollte der Übermut dafür sorgen, dass er mit einem rechten Winkel im Unterarm nach Hause kommt – verbieten Sie ihm künftig solche Aktivitäten, denn das ist nicht richtig so.

Um noch ein letztes Mal auf die Optik zu sprechen zu kommen: Natürlich steht es Ihnen frei, den Arm Ihres Mannes mittels Tätowierungen optisch zu verzieren. Immer wieder gern genommen werden Drahtgeflechte, Flammen oder das Bild Ihres Lieblingsmathematikers auf dem Oberarm.
Gänzlich Abstand sollten Sie allerdings von der Idee nehmen, auch noch den Unterarm zu verzieren. Etwa mit einem Kreuz. Es sei denn, Sie möchten, dass Ihr Mann als Schiffschaukelbremser, Kirmesboxer oder gar ehemaliger Zellennachbar von Uschis Sohn durchgeht.

Sorry,
Uschi,
Küsschen

MEDIZINISCHER HINWEIS

Sollten bei Ihrem Mann chronische Schmerzen am Unterarm auftreten – der sogenannte Tennisarm –, unterbinden Sie umgehend sämtliche SMS-Aktivitäten Ihres Mannes und streichen ihm private Stunden am gemeinsamen Rechner. Tennis hingegen darf er getrost weiterspielen.

A WIE AUGE

Bei den linken und rechten Optiksensoren, die bei den meisten Modellen oberhalb des Nasenrückens angebracht sind, handelt es sich um wahre Prachtstücke humanoider Entwicklungskunst. Auch hier wurde besonderer Wert darauf gelegt, dass beide Augen im Falle von Beschädigung (Stichwort Kneipe) unabhängig voneinander funktionieren.

Das Auge dient der Bildwahrnehmung. Somit kann Ihr Mann unterschiedlichste Situationen innerhalb von Sekundenbruchteilen erfassen, beurteilen und entsprechend reagieren.

Die Bildwahrnehmung Ihres Mannes unterliegt starken Schwankungen, das ist normal!

Hierzu dient ihm eine Iris, die in den meisten Fällen in den Standardfarben Braun, Blau, Grün oder Grau ausgeliefert wird. (Das Modell »Spengemann« in Huskyblau ist leider nicht mehr erhältlich!)
Mit einer Pupille, die blitzartig hin und her schnellen kann, entgeht Ihrem Mann nichts.

Pupillentrübungen sind normal!

Machen Sie sich diese tolle Eigenschaft zunutze! Vertrauen Sie auf das scharfe Auge Ihres Mannes und sein abschließendes Urteil! Lassen Sie sich inspirieren von blitzgescheiten und sekundenschnellen Analysen wie »Der Hintern war auch schon mal schlanker« oder »Ist das mit den Dellen Absicht?«
Bitte beachten Sie, dass derlei Sätze lediglich seinem analytischen Blick und stets nüchternem Urteilsvermögen geschuldet – und keineswegs als Beleidigung zu verstehen – sind! Oder würden Sie einem Fernglas einen Vorwurf machen, nur weil es Ihnen zeigt, dass Ihre beste Freundin gerade Ihren Mann vernascht?

Ihr Mann kann seine Augen auch für die **nonverbale Kommunikation** einsetzen. Dabei ist er aber nicht ganz so variantenreich, wie Sie es sind.
Vom Werk aus besitzt er lediglich **drei verschiedene Augenausdrucksformen**, die allerdings jeweils mehrere unterschied-

liche Bedeutungen haben können. Bitte beschäftigen Sie sich intensiv damit! Nicht immer ist es leicht sofort zu erkennen, was Ihr Mann meint, wenn er sich für eine der drei Augenausdrucksformen entscheidet. Nehmen Sie sich die Zeit für eine intensive Studie, denn Ihr Mann wird im Laufe der Zeit immer weniger Gebrauch von seinen Sprachmöglichkeiten machen und sich verstärkt der nonverbalen Kommunikation zuwenden. Das ist völlig normal und hat nur im allerweitesten Sinne mit Ihnen zu tun.

DIE DREI AUGENAUSDRUCKSFORMEN

Dackelblick – bedeutet: »Tu' mir nichts«, »Tu' mir was«, »Ich war es nicht«, »Ich war es, aber aus Versehen«, »Ich hab' den Hochzeitstag vergessen«, »Ich hab' deinen Namen vergessen«, »Wer bin ich?«, »Ich hab' Hunger«, oder: »Bitte nicht schimpfen.«

Böseblick – bedeutet: »Wer ist der Idiot neben dir?«, »Wo sind meine weißen Socken?«, »Fass' den Wagen nicht an!«, »Was soll das heißen, ›ich hab' genug?‹«, »Den hätte meine Omma reingemacht!«

Schlafblick – bedeutet: »Kein Sex« (wirklich!)

Beispielhafte
Blickvariationen
von Serienmodellen

B WIE BAUCH

Der Bauch, auch Abdomen genannt, bildet den Rumpf Ihres Mannes und gehört früher oder später zu seinen herausragenden Merkmalen. Hier befinden sich die Aufhängungen für die Arme und Beine. Die Obergrenze des Abdomen kann man auf Höhe der Brustbeinspitze ansetzen, die Untergrenze am Leistenband – zumindest zum Zeitpunkt der Auslieferung.
Im Bauch sind die zentralen Organe Ihres Mannes eingelagert. Dies sind z. B. Leber und Magen – aber auch gern vernachlässigte wie Herz und Nieren. Um eben diese optimal zu schützen, ist ab Werk nicht nur das Bauchfell, sondern auch eine zusätzlich schützende Fettschicht über den Bauch Ihres Mannes gespannt. Diese kann im Laufe der Zeit deutlich dicker werden, deshalb empfiehlt es sich, ein besonderes Auge darauf zu halten und gegebenenfalls die Ernährung anzupassen.

Was auch immer Sie tun, ein Bauchwachstum werden Sie nicht verhindern können. Niemals. Nie. Auf keinen Fall! Never!!!

Nichtsdestotrotz möchte ich Ihnen nicht die Freude an Ihrem Mann vermiesen. Im Gegenteil! Sollten Sie das Modell »Brad« gekauft haben, so erfreuen Sie sich einfach – solange und intensiv es geht – an den perfekt strukturierten Bauchmuskeln Ihres Mannes:
Bewundern Sie die präzisen, fein geschliffenen Konturen!
Ernten Sie neidische Blicke der Nachbarn!
Entfernen Sie sämtliche Textilien und stellen Sie Ihren Mann in Garten und Einfahrt. Dieses Statussymbol haben Sie sich verdient!

Nichts ist von Dauer, auch nicht der Erwerb von Statussymbolen.

Bedenken Sie auch in Bezug auf den Bauch: Die Optiksensoren Ihres Mannes sind nicht auf dezidierte Selbstwahrnehmung oder gar Selbstkritik ausgelegt. Deshalb wird er selbst niemals ein Anwachsen der Speckummantelung feststellen und schlimmstenfalls sogar den Überblick über alles verlieren, was sich unterhalb der sogenannten Gürtellinie abspielt (siehe auch → Penis).
Obendrein wird sich Ihr Mann im Laufe seines jahrelangen Betriebes an die Textilfreiheit im Oberkörperbereich gewöhnt haben. Es ist also völlig normal, dass er seinen unansehnlichen Bauch genauso unbefangen präsentieren wird wie das Sixpack. Ihr Mann denkt logisch: Bauch ist Bauch. Und damit hat er auch irgendwie recht.
Zur groben Verschleppung – eine Verhinderung ist wie bereits erwähnt nicht möglich! – des Bauchumfangproblems empfiehlt sich regelmäßiger Sport. Gut eignen sich z. B. Joggen, Fahrradfahren, Mineralwasserkistenschleppen, Flurreinigen, Rasenmähen oder Schwimmen.

> **TIPP** Erlauben Sie ihm nicht, (nur wenn er winselt und fleht) Fußball zu spielen! Zum einen versteckt sich dort eine große Gefahr von Verletzungen, zum anderen – was viel schlimmer ist – wird Ihr Mann nach erfolgreich absolvierten 4 % der Gesamtspielzeit von anderen Männern animiert werden, Bier zu trinken. Kontraproduktiver, im Sinne der Bauchumfangverhinderungsstrategie, kann es nicht werden!

Unterschätzt wird bei Ihrem Mann auch die werkseitig zur Grundausstattung gehörende Fähigkeit des Einziehens seines

Bauches. Dies geschieht niemals freiwillig, sondern bedarf exogener Inputs und Reize. Falls Sie auf diese Fähigkeit Wert legen, dann zeigen Sie Ihrem Mann einfach mal ein jüngeres Exemplar seiner Gattung. Sie werden staunen, wie schnell sein Bauch verschwinden kann. Noch deutlicher tritt seine Fähigkeit ans Licht, wenn Sie ihm ein jüngeres Exemplar Ihrer Freundinnen zeigen. Sein Bauch ist dann zumindest vorübergehend fast nicht mehr zu sehen. Leider gehört eine sichtbare Rötung seines Gesichtes dazu, die aber sofort verschwindet, sobald der Bauch wieder zu sehen ist.

Bitte benutzen Sie seine Fähigkeit zum Baucheinziehen nicht zu häufig und schon gar nicht im rein technisch unmöglichen Permanentmodus. Dies kann zu akuten und chronischen Atem- und Haltungsschäden führen!

Zur **Psychologie seines Bauches** sollten Sie wissen, dass er Ihrem Mann etwas bedeutet. Für ihn ist dieser Bauch ein fleischgewordenes Sparschwein, in das er eine Menge eingezahlt hat. Sich freiwillig vom Ersparten zu trennen macht für ihn daher überhaupt keinen Sinn. Mit dieser Erkenntnis wird es Ihnen leichter fallen, Ihren Mann zu verstehen. Bei einer rein psychologisch motivierten Bauchumfangverringerungsstrategie sollten Sie ihn von daher einfach bitten, etwas zu spenden. Sein natürliches Mitleids- und Helfergen wird darauf reagieren, und er wird sich zumindest damit beschäftigen, etwas von seinem Ersparten zu spenden.
Aber: Vertrauen Sie nicht zu sehr auf den Erfolg von psychologischen Maßnahmen. Ihr Mann ist auch in der absoluten Grundausstattung intelligenter als Sie vermuten. Deshalb haben Sie ja auch *ihn* erworben und keine Gummipuppe!

Eines noch: Der Bauchnabel mag Ihnen auf den ersten Blick überflüssig erscheinen. Jedoch ist er zum einen ein hilfreicher Indikator für das Wachstum des Bauches Ihres Mannes, da der Nabel mitwandert bzw. im schlimmsten Falle sogar komplett verschwindet.

Zum anderen dient er Ihnen als hervorragende Sammelstelle für Hausstaub und Flusen aller Art – so sind Sie stets über die Vielfalt und Beschaffenheit des Staubvorkommens in Ihrem Haushalt informiert und haben zudem eine permanente Kontrolle über die Textilgewohnheiten Ihres Mannes.

Mauritius – wunderschöne Insel

F WIE FUSS

Der Fuß ist eines der ganz zentralen Elemente Ihres Mannes, auch wenn Sie nach gelegentlicher Betrachtung seiner Füße diesen Eindruck nicht bestätigen können.

Man könnte sogar sagen, dass Ihr ganzer Mann darauf – zwinkerzwinker, giggelgiggel – »fußt«. Scherz beiseite!

In erster Linie dient das bewusst parallel angeordnete Fußpaar Ihres Mannes zum stabilen Stand und der geordneten Fortbewegung. Männerfüße unterscheiden sich von daher in keinerlei Hinsicht von Frauenfüßen. Einzig und allein die Eingabe von Zielkoordinaten und konkreten Aufträgen lassen bei Männerfüßen große Unterschiedlichkeiten zu Frauenfüßen erkennen.

Die Eingabe »Waldspaziergang« lässt eine Höchstgeschwindigkeit von ca. 6 km/h zu. Bei der Eingabe »Kneipe« sind allerdings Spitzengeschwindigkeiten von bis zu 14 km/h keine Seltenheit.

TIPP **Wollen Sie mit Ihrem Mann in eine Einkaufszone, dann geben Sie einfach »Kneipe« ein. Die kleine Enttäuschung, die sich bei ihm zunehmend breitmachen wird, steht in keinem Verhältnis zu seiner ungebrochenen Lauf- und Gehfreudigkeit.**

Achten Sie bitte darauf, Ihren Mann bei konkreten Aufträgen, die den Einsatz seiner Füße erfordern, nicht zu überanspruchen. Fordern Sie ihn z. B. nicht auf, den Abfalleimer nach draußen zu bringen, ein einfaches »Lauf« reicht völlig. Drücken Sie ihm dabei spielerisch den Abfalleimer in die Hand und ergänzen Sie erst dann die Aktion mit einer einfachen Zielanweisung (z. B. »Grüne Tonne, draußen!«).

Mit ein wenig Geduld und Hingabe können Sie bei Ihrem Mann auch den »Joggingmodus« etablieren.

TIPP **Zupfen Sie spielerisch an seinem Hüftfett, oder behaupten Sie, dass Ihre Nachbarin mit ihrem Mann zehnmal am Tag Sex hat, seit er regelmäßig joggt – das erhöht seine Bereitschaft, es »freiwillig« zu wollen.**

Je nach Leistungsstufe bringt es Ihr Mann im Joggingmodus reichweitentechnisch locker auf bis zu 42 Kilometer Strecke am Stück. Nicht ohne Grund gilt der Mann als der Gepard unter den Zweibeinern. Ich erlaube mir aber darauf hinzuweisen, dass es schon schwer genug sein wird, ihn überhaupt zu motivieren, ein paar Schritte zu tun.

Hinweis: **Von Natur aus sind seine Füße keine Fortbewegungsinstrumente, sondern Waffen oder etwas, das man grundlos gerne hochlegt!**

Männer brauchen konkrete Gründe, um etwas mit ihren Füßen zu tun. In seinem genetischen Code findet sich kein Bewegungsdrang. Bringen Sie ihn daher mit weiteren Männern zusammen und legen beispielsweise einen Ball oder Ähnliches in die Mitte – Sie werden erstaunt sein, zu welcher Bewegungsfreude Ihr Mann auflaufen wird! Sein fehlender Bewegungsdrang wird augenblicklich durch seinen kindlichen Spieltrieb kompensiert, und er wird es noch nicht einmal merken.

Positiv zu erwähnen sind auch die eingebauten **Security-Features** in seinen Füßen, die eine sinnvolle Ergänzung zu seinen → Händen bilden. Sollten Sie also z. B. während einer Shopping Tour *(nicht vergessen: Sie nennen Shopping »Kneipe«!)* oder bei einem gemeinsamen Spaziergang auf einen besonders aggressiven Mitmenschen treffen, kann Ihr Mann seine Füße gewinnbringend einsetzen. Im Basismodell sind bereits einige Defensiv-Strategien eingebaut:
Lassen Sie sich begeistern vom **»eingedrehten Schienbeindeller«**, dem **»Schleswiger Pferdekuss«** oder dem Klassiker: dem **»ansatzlosen Klötenstampfer«**.

Natürlich reagiert Ihr Mann in Gefahrensituationen **vollauto-matisch**. Motivationen und Tricks sind nicht nötig. Im Gegenteil: Halten Sie sich grundsätzlich aus der Situation heraus. Beschwichtigende Worte oder Übermotivationsansagen überfordern ihn völlig und lenken seine Aufmerksamkeit in die falsche Richtung. Es kann zu unverdienten Niederlagen kommen, die sein Selbstwertgefühl empfindlich stören und irreparable Schäden hinterlassen können.

Schäden, die durch Streitschlichtung hervorgerufen werden, unterliegen keinerlei Garantiebestimmungen!

In den kälteren Monaten ist es ratsam, die Füße Ihres Mannes in Socken zu stecken, aber bitte überlassen Sie die Farbauswahl nicht ihm. Seine genetische Programmierung kennt bei Socken keinerlei Geschmacksunterschiede, wobei sich Geschmack hier nur auf rein optische Merkmale bezieht. Bevorzugen Sie aber bitte keine Motivsocken. Die machen ihn grundlos lächerlich – das hat er nicht verdient.

TIPP **Entgegen Ihren Gewohnheiten als Frau ist es nicht nötig, Ihren Mann alle drei Tage neu zu »bereifen«. Soll heißen: Vierhundert Schuhe für gerade mal zwei Füße sind definitiv zu viel. Ihrem Mann reicht locker ein Paar für die nächsten vier bis zwölf Jahre.**

Gerade bei hoher Beanspruchung kann der Fuß Ihres Man- nes Verschleißerscheinungen aufweisen. Da Ihr Mann aber über keinerlei Sensorik diesbezüglich verfügt, obliegt es Ihnen, die Sache bzw. den Fuß selbst in die Hand zu nehmen.

Hinweis: **Ein Hornhauthobel und ein Nagelclipper sind im Lieferumfang nicht enthalten!**

H WIE HALS

Als Hals bezeichnet man das Verbindungsstück zwischen dem Kopf und dem Rumpf Ihres Mannes. Durch diese Röhre wird sowohl sämtliche Nahrung als auch Luft in den Körper transportiert.

Ab Werk wird der Hals in einer schlanken Form mit einem Durchmesser von ca. 17 Zentimetern und einer Länge von ca. 20 Zentimetern ausgeliefert. Diese Maße können jedoch variieren.

Sollten Sie versehentlich ein Modell ohne Hals erhalten haben, bringen Sie es zur Diskothek zurück, an deren Tür sie es vermutlich erworben haben oder rufen Sie unsere Hotline an. Bitte bedenken Sie, dass der Hals Ihres Mannes auch im Laufe der Zeit aufgrund falscher Befüllung zunehmend *(witzig formuliert, was?)* verschwinden kann. An dessen Stelle rückt dann häufig ein zweites, drittes oder gar viertes Kinn, wie Sie es vielleicht mal mehr und mal weniger stark ausgeprägt vom Modell »Calli« kennen.

Der Hals Ihres Mannes dient neben obig genannten Transportfunktionen außerdem als praktisches Erkennungsmerkmal, als sogenanntes »Ambience Tool«. So sind die Stimmungen Ihres Mannes auch nonverbal klar abzulesen. Vor allem aufgestaute Wut lässt sich am Hals sehr gut erkennen:

- In **Phase 1** färbt sich der Hals Ihres Mannes aufgrund verstärkter Blutzufuhr in den Schädel lediglich rot – erhöhte Wachsamkeit ist geboten.
- In **Phase 2** tritt das Hauptkabel, die bereits heftig pumpende Aorta unschön an der Seite des Halses hervor – am besten gehen Sie Ihrem Manne eine Weile aus dem Weg, bis sich seine Betriebstemperatur von alleine wieder heruntergekühlt hat.

- **Phase 3** allerdings sorgt für ein ungewöhnlich starkes Anschwellen des Halses. Im Volksmund auch bekannt unter »Ich hab so 'n Hals« oder »Mir schwillt der Kamm von hier bis Meppen« – in diesem Falle vielleicht einfach mal drei Wochen wegfliegen und keine Karte schreiben!

Sicherlich wird Ihnen am Hals ihres Mannes eine kugelförmige Vorwölbung nicht entgangen sein: der sogenannte Adamsapfel. Dieser ist exklusiv bei Männern eingebaut und sorgt bei eben diesen für das so begehrte tiefe Timbre in der Stimme.
Aufgrund großer Beliebtheit gibt es erste Testreihen jetzt auch schon für Frauen, aber glauben Sie mir, schön ist das nicht, es sei denn, Sie machen Bodybuilding.
Der Hals ist seit jeher für viele ein zentraler Punkt für Dekorationen aller Art. So hat es sich – ähnlich wie die Antenne oder der Rückspiegel beim Auto – eingespielt, dass gerade die Hälse stets mit allem möglichen Schmuck umhängt werden. Besonders schöne Exponate finden Sie z. B. auf der Ziegenhainer Salatkirmes am »Schmuckstand Effenberg« direkt neben den Gurkenfässern. Lederhalsbänder mit Buchstaben oder Sternzeichen kriegt man dort häufig schon für unter zehn Euro.

> **TIPP** Schenken Sie Ihrem Mann niemals eine Kette, er wird sich dann nicht nur freier fühlen, er sieht auch ganz eindeutig ohne Kette besser und einigermaßen schlauer aus.

H WIE HAND

Die Hand ist vielleicht **das** Multifunktionstool schlechthin an Ihrem Mann.
An den unzähligen Einsatzmöglichkeiten werden Sie ganz si-

cher Ihre Freude haben. Aufgrund der äußerst positiven Reaktionen ist die zweite Generation seit der Produkteinführung serienmäßig. Vor allem mit dem großzügig gebauten Handteller und der enorm kurzen Übersetzung in ihren fünf einzeln aufgehängten Fingern bietet die Hand eine erstaunliche Bandbreite an Funktionen.

Im Haushalt

Die Feinmotorik seiner Finger, gepaart mit erstaunlicher Kraft, macht es Ihnen möglich, kleinere und größere Reparaturen in Haus und Garten problemlos von Ihrem Mann durchführen zu lassen, z. B. Glühbirnen wechseln, Bilder aufhängen, Elektroherde anschließen, den kompletten Keller ausschlachten, das Scherblatt am Rasenmäher deblockieren usw.

⚠ Bitte bedenken Sie, dass Ihr Mann kein eingebautes Hemmschwellenaggregat hat. Deshalb obliegt es Ihnen zu entscheiden, was ihm zuzutrauen ist und was nicht. Dies kann ihn vor ernsthaften Schäden bewahren.

Gelegentlich kann es bei manchen Männermodellen zu spontanen Einsatzverweigerungen kommen. Meistens hilft ein kleiner semantischer Trick, um ihn wieder auf die richtige Spur zu schieben. Sprechen Sie bei den zu erledigenden Aufgaben grundsätzlich nicht von Arbeiten im Haushalt. Sprechen Sie von Abenteuern und unüberwindbaren Hindernissen. Behaupten Sie z. B., dass kein Mann auf der ganzen Welt den kompletten Haushalt in nur drei Stunden saugen, wischen und konservieren kann – und Sie werden sehen, schon ist Ihr Mann mit Feuereifer dabei, sich dieser Herausforderung zu stellen.

Wenn er seine Arbeiten sorgfältig erfüllt hat, dann schimpfen Sie nicht mit ihm, seine kleine anfängliche Einsatzverweigerung war nur eine vorübergehende Laune der Natur.

Und vergessen Sie nicht, ihn zu belohnen, ein kleiner Sprung in den von ihm vorher eigenhändig gereinigten Pool kostet sie nur ein müdes Nicken und macht ihm so viel Freude.

Danach wird er alles für Sie tun – alles!

Unterwegs im Straßenverkehr

Seit Generationen vertrauen zufriedene Kundinnen auf die koordinative Perfektion des Mannes. Mit seinen beiden Händen an Gangknüppel und Lenkrad bietet Ihr Mann Ihnen optimale Sicherheit im Straßenverkehr, während Sie sich auf dem Beifahrersitz entspannen können.

Je nach Programmierung können Sie bei Bedarf auch den »Zufalls-Gestikmodus« aktivieren: Hier wird die jeweils freie Hand dazu benutzt, den anderen Verkehrsteilnehmern zu signalisieren, was Sie von Ihnen halten (siehe dazu auch M wie Mund). Was uns gleich zum nächsten Punkt bringt:

Verteidigung / Security

Egal, ob Streitigkeiten im Straßenverkehr, beim abendlichen Ausgang oder beim einsamen Lustwandeln durch bundesdeutsche Parkhäuser oder brandenburgische Campingplätze: Die Hand des Mannes lässt sich innerhalb weniger Hundertstel von einem Feinmechanik-Tool (oder einem kommunikationsfördernden Gestikmodul) zu einem lupenreinen Schlagwerkzeug umfunktionieren.

Praktischerweise lassen sich die beiden sogenannten Fäuste synchron schalten und auf den Angreifer fokussieren – dies steigert die Effektivität enorm. Das wird das unverschämte Gegenüber lehren, nicht noch mal mit »nach Feuer fragen« in Ihre Intimsphäre einzudringen!

 Auch – und vor allem – hier gilt: Bitte bedenken Sie, dass Ihr Mann wirklich kein eingebautes Hemmschwellenaggregat hat.

Intimes

Die Feinmotorik der Hand bzw. ihre besonders sensible Einzelfingeraufhängung kann Ihnen dienen, sich in intimen Stunden besonderen Lustgewinn zu verschaffen. Sie sollten lediglich bedenken, dass der gesamte Mann im »Liebesmodus« seine Hand ausschließlich in Richtung Ihrer primären oder sekundären Geschlechtsmerkmale führen wird. Das ist angeboren und keine böse Absicht! Die Grundprogrammierung Ihres Mannes kennt nichts anderes.

Aber er ist lernfähig. Zeigen Sie ihm Ihre weiteren erogenen Zonen, seine Hände werden es Ihnen danken. Aber bitte, vergessen Sie nicht, ihn dafür zu loben, wenn er stundenlang Ihren Nacken oder ähnlich versteckte Körperzonen an Ihrem Körper streichelt. Dieser Einsatz wird ihm fremd und uneffektiv vorkommen, ausgiebiges Honorieren dieser Tätigkeit lässt ihn das vergessen.

Haben Sie beim Mann einmal den Liebesmodus aktiviert, brechen Sie niemals vorzeitig ab! Dies könnte zu ernsthaften Konsequenzen, ja, sogar zu einem libidinösen Festplattenkollaps führen!

Schlimmer noch als das vorzeitige Abbrechen ist das Missbrauchen der männlichen Fingerübungen, weg vom sogenannten Petting hin zur ausschließlichen Massage. Derlei brutal ausgebremste Vorfreude, kombiniert mit dauerhafter Überanspruchung der Hand kann bei Ihrem Mann erhebliche Folgeschäden bis hin zum Komplettausfall führen. Im schlimmsten Fall bleibt Ihnen dann nur noch die Hausarbeit, die Ihr Mann mit seiner Hand ausüben will.

TIPP **Um die makellose Optik Ihres Mannes zu erhalten, denken Sie daran, hin und wieder die Fingernägel beider Hände zu säubern und zu kürzen. Machen Sie es nicht, wird er früher oder später** *(meistens später!)* **mit einem Not-Selbstreinigungsprogramm beginnen. Dabei**

35

**übernehmen seine Zähne die gröbsten Vorreinigungs-
arbeiten, die dann später mit einer sauberen Tischdecke
oder ähnlichen Textilien abgeschlossen werden.**

Sondermodelle

Gelegentlich kommt es bei Männern zum Wunsch, die Finger
zu beschmücken. In den meisten Fällen reicht ein einfacher
Ehering, über den sich Ihr Mann sehr freuen wird. Dass er
ihn in manchen Situationen abstreift, sollte Sie nicht irritieren. Auch die geschmückte Hand ist ein Werkzeug. Wenn er
sie benutzen will, stören und erschweren Ringe komplizierte
Bewegungsabläufe. Das versucht Ihr Mann zu verhindern, indem er den Ring oft monatelang versteckt oder ihn vermisst
meldet.

Sollte sich Ihr Mann freiwillig *mehrere* Ringe anziehen wollen,
fragen Sie bitte seinen besten Freund, ob er wirklich nur sein
bester Freund ist.

 Bedenken Sie bitte grundsätzlich: Für Ihren Mann sind seine
Hände Werkzeuge, kein Zierrat.

H WIE HAUPTHAAR

Hier handelt es sich um die serienmäßige Abdeckung, mit
der Ihr Mann ausgeliefert wird. Unterschiede in Dichte und
Verweildauer sind naturgegeben und variieren stark je nach
Modellbaujahr.

In erster Linie dient das Geflecht aus Keratinfollikeln als Kälte-
schutz für die geistige → Schaltzentrale. Allerdings dient es
seit geraumer Zeit auch immer mehr als Zierrat. Es empfiehlt
sich daher, das Verdeck in regelmäßigen Abständen zu waschen. Bei Nichtbeachtung droht Milben- oder Zeckenbefall

bis hin zur totalen, aber absolut berechtigten Isolation des Grundgerätes.

Falls Sie mögen, besteht die Möglichkeit, das Verdeck obendrein noch zu wachsen, oder – zwecks Tuning – in eine Fachwerkstatt zu bringen. Gerade bei jüngeren Modellen ist derzeit Stinktierpelzoptik oder Tourette-Syndrom-Rasurmuster angesagt. *(Zur Bestätigung dieser Aussage empfiehlt sich ein Besuch der örtlichen U-Bahn.)* Dies lässt Ihr Gerät länger schön aussehen und wahrt obendrein die Chance, eine möglichst häufige Reproduktion Ihres Modells in die Wege zu leiten.

Deshalb sollten Sie Ihrem Gerät stets ein paar Minuten Zeit in Ihrer Nasszelle einräumen, anstatt eben diese komplett alleine zu blockieren. Keine Sorge – er wird nie lange brauchen.

Bei Ihrem Mann kann es im Laufe der Jahre zu erheblichem Materialschwund kommen, was bedeutet, dass das Verdeck starker Ausdünnung, wenn nicht kompletter Auflösung im Tonsurbereich ausgesetzt ist. Schafft man es nicht, mit diversen Additiven eben dieser vorzubeugen, bleibt ein unschöner Kranz aus Restverdeck

Uwe Seeler – wunderschöner Mann

(mit dem man bestenfalls noch auf einem CDU-Ortsvereinsfest oder der Schützenbruderschaft Erkelenz auflaufen kann).

Ich empfehle, diesen abzurasieren (wie z. B. beim Modell »Bruce Willis«), und mit entsprechender Politur regelmäßig nachzuwienern.

Im Gegensatz zum landläufigen Irrglauben muss ich an dieser Stelle noch einmal eindringlich davor warnen, den spärlichen Rest Deckhaar überzukämmen, da diese Form des Follikel-tunings nicht verwindungssteif ist und schon bei geringem Luftzug unschön aussieht.

H WIE HODEN

Bei den Hoden handelt es sich um zwei eiförmige Fortpflanzungsmodule, die sich in einem Beutel im unteren Bereich des Torsos befinden. Direkt zwischen den Gehwerkzeugen und unmittelbar mit dem Fortpflanzungsorgan (siehe auch P wie Penis) verbunden.

In erster Linie dienen die auch Testikel oder Gonaden genannten Zwillings-Tanks zur eigenständigen Reproduktion ihres Besitzers. Wofür Sie, liebe Nutzerin – im Gefallensfalle – höchstpersönlich sorgen können.

Da sich aber bei dem ein oder anderen Modell ein Überdruck bilden kann, empfiehlt es sich dann und wann, auch ohne beabsichtigte Vermehrung etwas des in den Speichern vorhandenen Erbgut-Fluids abzulassen. Die Erfahrung zeigt, dass der Mann danach oft für Stunden oder gar Tage wesentlich leichter zu manövrieren ist.

In der Handhabe ist es unbedingt zu beachten, gerade diese beiden kastaniengroßen Objekte besonders pfleglich zu behandeln, da schon kleinere Erschütterungen zu einem kompletten Erlahmen der gesamten Maschine führen können.

Nicht zuletzt deshalb wird häufig vermutet, dass sich auch die geistige → Schaltzentrale in eben jenem Bereich in der unteren Körperhälfte befindet. Was falsch ist. Häufig.

Wichtig: Bei Missachtung der Schutzvorschriften oder gar mutwilliger Zerstörung der Hoden sind nachhaltige Schäden des Modells vorprogrammiert, z. B.:

- Irreparable Tonhöhenveränderung des Sprachmoduls,
- Antriebslosigkeit und Anschwellen der Fettummantelung,

In ganz schlimmen Fällen kann bereits das Fehlen **einer** Gonade zu bedenklichen Wesensveränderungen bis hin zur Bösartigkeit führen.

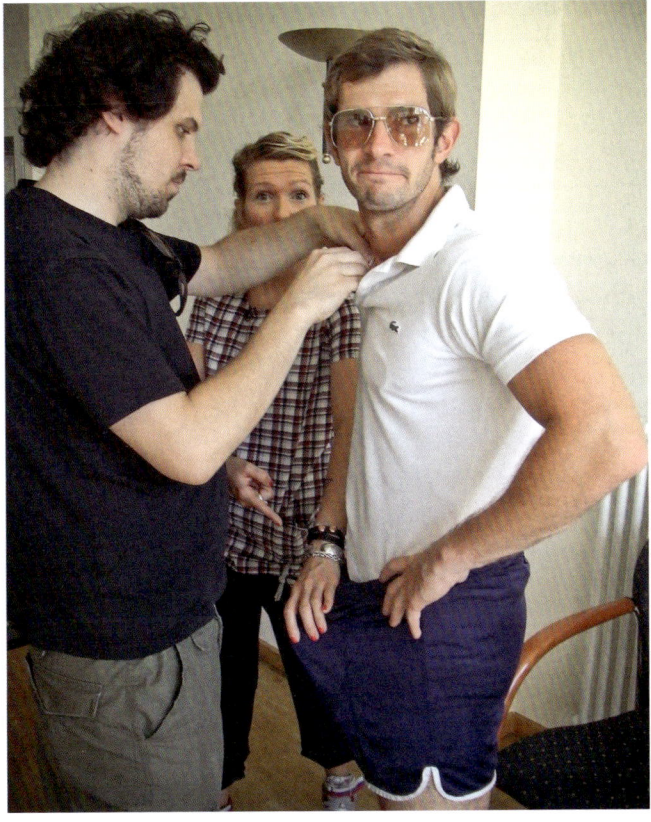

Auf dem Hoden der Tatsachen angekommen ...

TIPP Um eine schadenfreie Lebensdauer der Hoden zu gewährleisten, halten Sie Ihren Mann von folgenden Dingen unbedingt fern:

- Fußballstadion (aktiv)
- Fußballstadion (passiv)
- Kirmes
- Reeperbahn
- Ostdeutsche Campingplätze
- Gute Freundinnen
- Thai Massagesalons (hängt vom Laden ab)

M WIE MUND

Dem Mund Ihres Mannes fallen besonders viele wichtige Funktionen zu. Zum einen dient er der Aufnahme von Nahrung – sowohl fest als auch flüssig. Mit zunehmender Laufleistung wird Ihr Mann Ihnen weismachen wollen, dass Bier als Nahrung ausreicht. Das allerdings ist glatt falsch. Ignorieren Sie ihn einfach! Vom Gegenteil überzeugen können Sie ihn eh nicht.

Zum anderen wird auch die Luft bzw. der fürs Überleben so wichtige Sauerstoff über den Mund aufgenommen.

Obendrein allerdings wird der Mund auch häufig für andere Dinge verwendet. Ein Gutteil der Kommunikation wird auch beim Mann über den Mund geregelt – seien Sie allerdings nicht zu überrascht, wenn der Sprechluke Ihres Mannes deutlich weniger Worte entweichen als Sie es z. B. von Ihren Freundinnen gewohnt sind. Das ist für Männer normal.

Abgesehen davon sollten Sie ein wenig darauf achten, dass die Kommunikation Ihres Mannes nicht zunehmend über das Rektum ausgetragen wird – leider nach wie vor ein Problem, an dessen Behebung die Werksmechaniker fieberhaft arbeiten.

Obendrein sollten Sie es Ihrem Mann nicht dauerhaft durchgehen lassen, Ihnen seine Zufriedenheit über infernalische Rülpslaute kundzutun.

Zum Mund gehören übrigens noch zwei elementare Bausteine: die **Zähne** und die **Zunge**. Diese beiden Komponenten machen es im direkten Zusammenspiel in der Mundhöhle überhaupt erst möglich, richtige Worte zu formen und ganze Sätze zu bilden.
Wie wichtig hierzu eine lückenlose Zahnreihe sein kann, wird einem vor allem mit Blick auf die Hauptakteure in diversen Vormittags-Talkshows bewusst, aber das nur am Rande.
Die Zunge erfüllt nicht nur diverse Sprachmodalitäten oder dient als Unterstützungsorgan, um beispielsweise Taxen, Kellner oder Frauen heranzupfeifen. Nein, auch als Sinnes-App ist sie unverzichtbar. So lassen sich über die Zunge verschiedenste Geschmacks-Features der Nahrung erfassen: »süß«, »sauer«, »salzig«, »bitter« und »scharf« – all das lässt sich mit traumwandlerischer Sicherheit über die Zunge bestimmen.

Zum Ausdrücken von Zigaretten und zum Beeindrucken der **Thekenbeisitzer ist die Zunge nicht geeignet!**

Sollten Sie im Zusammenhang mit der Zunge Dinge wie »Cunnilingus« vermissen – Nudelgerichte gehören nicht in dieses Buch!

Die Zähne dienen im Mund vor allem als Beiß- und Kauwerkzeuge, um Nahrung zu zerkleinern und so praktisch vorzuverdauen, z. B. Steaks, Nudeln oder Lutschbonbons.
Sollten Sie Ihren Mann dabei erleben, wie er in stressigen Verkehrssituationen das Lenkrad Ihres gemeinsamen Fahrzeugs

zerbeißt, denken Sie an H wie Hals und stellen lediglich sicher, dass er nicht weite Teile der Gummierung verschluckt.

Gerade bei Zähnen spielt wieder einmal die Optik eine besondere Rolle. So zählen gerade die beiden strahlend weißen Zahnreihen zu den besonderen Attraktionen im Mund Ihres Mannes. Deshalb empfiehlt es sich, die Zähne zweimal täglich ordentlich zu bürsten und gegebenenfalls mit Zahnseide gröbere Reste von Tieren o. Ä. zu entfernen.

Sollte Ihr Mann rauchen, trinken oder gar als Erdkundelehrer arbeiten, müssen Sie diese Pflege in kürzeren Intervallen in Angriff nehmen. Es sei denn natürlich, Sie mögen es, wenn der Mundraum Ihres Mannes ein detailverliebter 1:34-Nachbau von Dresden ist.

TIPP **Die Zähne bitte nicht als Flaschenöffner verwenden!**

Da seine Zähne zu den – mitunter im wahrsten Sinne des Wortes – Perlen Ihres Mannes gehören, bedürfen sie nicht nur besonderer Pflege, sondern vor allem auch eines besonderen Schutzes. Denn sie sind ständig in Gefahr, aufgrund widriger Umstände zu brechen. Vermeiden Sie deshalb – neben der obig genannten »Lex Flaschenöffner« – folgende primäre Gefahrenquellen:

- Fahrradtouren
- Vatertagstouren
- Straßenfußball
- Schlüters Boxbude und natürlich
- Kneipen aller Art

N WIE NASE

Die Nase bildet nicht nur optischen Zierrat im Gesicht Ihres Mannes, sie ist sein zentrales Riechorgan. Die Größe kann auch hier von Modell zu Modell variieren. Der allgemeine Glaube, dass die Größe der Nase irgendwelche Rückschlüsse darauf zulässt, wie viel Platz die Unterhosen brauchen, die Sie Ihrem Mann kaufen müssen, ist allerdings völlig falsch. Sonst müssten die Frauen von Mike Krüger und Co. herumlaufen wie trächtige Winkerkrabben. Da ist nix dran, auch wenn Kinderlieder wie »Deine kleine Nase passt in jede Vase!« noch immer das Gegenteil behaupten.

Die Nase ist neben ihrer detailverliebt geschwungenen Form und dem besonders robusten Rücken *(lassen Sie ihn das bitte nicht bei Kneipenschlägereien austesten!)* prima als Brillenhalterung geeignet.

Obendrein ist sie mit kleinen, feinen Geruchsrezeptoren ausgestattet, den sogenannten Nasenhaaren. Diese sorgen für

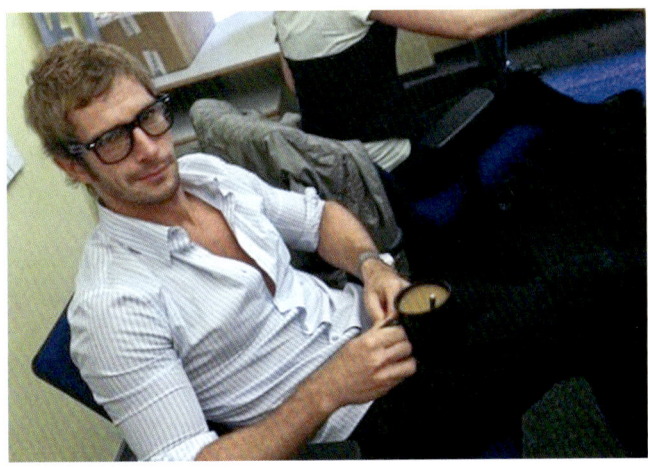

Eine Brille lässt auch den Dümmsten intelligent wirken – quod erat demonstrandum

besonders nuanciertes Aufnehmen unterschiedlichster Düfte. Es empfiehlt sich – gerade bei älteren Modellen – die Nasenhaare beizeiten etwas zu trimmen, um Ihren Mann optisch ansprechend zu bewahren.

Die Nase Ihres Mannes bietet zahlreiche Möglichkeiten, verschiedenste Bouquets aufzunehmen und Ihnen Rückmeldungen über diverse Aromen zu geben. Über Gerüche, die Sie selber möglicherweise selbst nicht wahrnehmen können – oder wollen:

Ist mein Parfüm wohlriechend? Riecht es gar nuttig? Hat der Straßenhändler in Rimini womöglich kein Original verkauft?

Fehlt meinem Schmorbraten möglicherweise noch ein Gewürz?

Und woher kommt der verdächtig süßliche Geruch im Treppenhaus?

TIPP **Lassen Sie Ihren Mann die Nase ausschließlich zum Aufnehmen von Gerüchen benutzen und nicht etwa – wie in Werbeagenturen und Münchener Feinkostzelten üblich – von kolumbianischem »Marschier-Pulver«. Dieses Verhalten könnte zu schwer außerplanmäßigem Verhalten Ihres Mannes bis hin zum irreparablen Festplattenabsturz führen. Zwingen Sie ihn auch, sich mit eigenen Gerüchen auseinanderzusetzen. Von Natur aus fehlt ihm diese Fähigkeit, deshalb ist es ihm auch egal, wie oft er seine Wäsche wechselt. Einmal in der Woche Nasentraining wirkt da Wunder!**

P WIE PENIS

Herzlich willkommen beim Penis Ihres Mannes!

Dieses wurstgleiche Gerät wird von vielen fälschlicherweise als Denkzentrale Ihres Mannes angesehen. *Das ist falsch! (Also, meistens jedenfalls.)*

Der Penis ist ein sehr wichtiges Glied in der Kette der mannigfaltigen Ausstattungsmerkmale Ihres Mannes. So handelt es sich bei dem auch Pillemann, Pullermann oder sonst wie genannten, zwischen den Beinen platzierten Schaft um den Abführ- und Reproduktionsstutzen. Und falls Ihre Ambitionen so weit nicht gehen, schlicht um das wohl spannendste und überraschendste Fun-Sportgerät, das derzeit auf dem Markt zu finden ist.

Toll, dass es ihn gibt, den Penis.

Der Penis, oder auch Phallus, bietet Ihrem Mann mehrmals am Tag die Gelegenheit, überschüssige Flüssigkeit diskret durch die Harnröhre abzuführen. Dazu sollten Sie Ihrem Mann einfach eine Toilette bereitstellen und die Brille hochklappen.

In der freien Natur reichen ein Baum, ein Strauch oder eine dezente Sichtschutzwand. Bitte zwingen Sie ihn niemals ohne Grund »auszutreten«, dies bereitet ihm nicht nur körperliche Schmerzen, sondern führt im schlimmsten Fall auch zu irreparablen Versagensängsten.

> **TIPP** Bitten Sie ihn, sich beim Verklappen hinzusetzen, da bislang das Problem der Streuung noch nicht ganz gelöst werden konnte. *(Das war übrigens ein Witz. Ihr Mann wird sich niemals hinsetzen. Das mit der Streuung stimmt leider.)*

Sollte aufgrund widriger Umstände gerade kein Bad zur Verfügung stehen, wird sich Ihr Mann aufgrund seines eingebauten »Strull-Detektoren« selbsttätig zur nächstgünstigeren Örtlichkeit hin navigieren, z. B. in den Garten, zwischen die Müllcontainer oder aber auch ins Arbeitszimmer (a. k. a. Kneipe)

Bei fortgeschrittener Laufleistung kann es passieren, dass Ihr Mann zunehmend nachts zum Abführen aufstehen muss. Das ist normal und sollte Sie nicht weiter sorgen. Stellen Sie lediglich sicher, dass sich reichlich Lektüre für ihn im Bad befindet, um ihm die Wartezeiten so angenehm wie möglich zu gestalten. Und achten Sie unbedingt auf eine dezente Beleuchtung, die ihm den Weg zu den Sanitärbereichen Ihres Zuhauses leitet.

Funktion

Weil viele Endverbraucherinnen noch immer der Meinung sind, dass hinter dem Funktionsprinzip des Penis kein großes Geheimnis steckt, sei an dieser Stelle darauf hingewiesen, dass diese Meinung durchaus berechtigt ist. Damit es aber wie ein Geheimnis klingt, möchte ich das Funktionsprinzip etwas anspruchsvoller erklären.

Der Penis funktioniert wie ein Vampir: Er hält sich den meisten Teil des Tages im Dunkeln auf und braucht jede Menge Blut. Die Blutversorgung erfolgt über die drei Äste der **Arteria penis** (*Arteria dorsalis penis*, *Arteria profunda penis* und *Arteria bulbi penis*). Oder einfacher ausgedrückt: Das Blut wird irgendwie in das Glied gepumpt.

Die Eichel wird über den **Nervus dorsalis penis**, der auch als »Wollustnerv« bezeichnet wird, stimuliert. Im sogenannten Beckengeflecht werden die allseits bekannten Erektionen ausgelöst, was Ihrem Mann total egal ist, solange es überhaupt zu einer Erektion kommt.

Größenvarianz

Auch beim Penis Ihres Mannes gibt es verschiedene Größen. So werden Sie schnell die Vor- und Nachteile der Modelle »Watumbe«, »Watanabe« und »Werner« feststellen. Aber das ergründen Sie besser selbst.

Um den »Beschlafungsmodus« voll auskosten zu können, empfiehlt es sich, den Phallus sich erst zu voller Größe aufrichten zu lassen. Dies geschieht häufig ganz von selbst, kann aber mit gezielter Stimulation beschleunigt werden. Hierbei wird Sie die Tatsache erfreuen, dass der Mann praktisch und theoretisch nur über eine erogene Zone verfügt. Da spart man sich das lästige Suchen, wie z. B. nach einem Parkplatz am ersten Samstag des Winterschlussverkaufs.

Auf die Länge kommt es nicht an – der Durchmesser macht's ...

Die Erhärtung des Penis geschieht wie bereits beschrieben durch die blitzartige Befüllung der sogenannten Schwellkörper im Inneren des Schafts. Dazu wird eine bestimmte Menge Blut benötigt. (Meistens!) Bedauerlicherweise tritt immer wieder einmal der Fehler auf, dass die benötigte Menge Blut für den Penis ausgerechnet dem Gehirn entzogen wird. So läuft leider häufig nur eines der beiden Organe auf 100 Prozent Leistung.

Leider ist es bislang nicht gelungen, diesen Mangel werkseitig zu beheben. Aber im Ernst: Wollen Sie während des Aktes wirklich einen intellektuellen Austausch mit Ihrem Mann? Er redet doch auch sonst nicht so viel, warum sollte er es ausgerechnet in dieser Situation tun?

Dennoch kann es z. B. sein, dass Sie von der Gesamtausfahrlänge des Penoids Ihres Mannes enttäuscht sind. In diesem Falle kann ich Ihnen nur raten, machen Sie das Beste draus! Irgendwie! *(Wie auch immer, ich kann Ihnen an dieser Stelle auch keine wirklich probaten Tipps geben, weil ich … was soll ich sagen, ich kann es einfach nicht, okay? Danke!)*

Sollte Ihr Mann allerdings Probleme bei der Erhärtung und Aufrichtung aufweisen, so können verschiedene Gründe dafür verantwortlich sein.

- Die **Optiksensoren** Ihres Mannes (siehe auch A wie Auge) springen aus welchen Gründen auch immer nicht mehr auf Sie an. Halten Sie ihm einfach die Augen zu, denn Ihr Mann kann eigentlich immer! Auch im Dunkeln!
- Sie haben ihn im Laufe des Abends mit **zu viel Alkohol** betankt – das hemmt die Erektionsfähigkeit.
- Sie haben ihn im Laufe des Abends mit **zu wenig Alkohol** betankt (was die letzte Chance gewesen wäre, seine Optiksensoren kurz zu schließen).
- Möglicherweise haben Sie ihn auch einer verbalen Zermürbungstaktik ausgesetzt, sein Glied ins Lächerliche gezogen und nun geniert er sich. Loben Sie ihn einfach für seine tolle Gerätschaft. Und keine Angst: Er wird den Unterschied zwischen einer reinen Motivationslüge und einer emotionalen Schutzbehauptung gar nicht erkennen.

TIPP Kosenamen wie »Prinzessin Lillifee«, »Möhrchen«, »Puterköpfchen« oder »Schlimpi Schlimpi« sind für das männliche Glied ungeeignet und werden von Ihrem Mann weder geschätzt noch akzeptiert, wohingegen

originelle Glied-Metaphern ihn grundsätzlich erfreuen. Begrifflichkeiten wie »purpurköpfiger Liebeskrieger«, »Dr. Steelhammer«, »fleischfarbene Bumskeule« oder »todbringende Nahkampfmuräne« gehören für ihn zum größten Liebesbeweis, den er sich vorstellen kann.

Sollten Sie beim Liebesspiel auf Ihre Kosten kommen wollen, vergessen Sie nicht, dass der Penis zwar keinen Knochen hat, dennoch ist er sehr verletzlich und kann bei zu heftiger Beanspruchung brechen. In diesem Falle fahren Sie Ihren Mann in die Notaufnahme oder greifen zu Fachlektüre von Dieter Bohlen.

Letzte Anmerkung

Immer wieder kommt es vor, dass Ihr Mann versuchen wird, sich einen Lustgewinn durch sogenannte Handarbeit zu verschaffen oder auch »einfach nur mal so« die Nähe zu seinem Glied sucht. Das ist normal! Betrachten Sie es auf keinen Fall als Zurückweisung Ihrer Person oder Ähnliches. Für ihn ist sein Glied auch sein bestes Stück. Was liegt da näher als die gelegentliche Kontrolle, ob es noch da ist, und die kurzweilige Beschäftigung mit eben jenem? Sie haben bestimmt auch schon mal eine Handtasche oder einen anderen kostbaren Gegenstand etwas ausgiebiger betrachtet und gestreichelt, oder?

P WIE PO

Sie gucken ja vermutlich schon eine ganze Weile drauf – jetzt wollen wir auch drüber reden. Der Po ist das ausladende Teil, das sie auf der Rückseite Ihres Mannes oben an den Beinen finden. Aber das haben Sie sicher schon bemerkt.
Das auch Hintern genannte Gesäßteil ist aus zwei halbkugel-

förmigen, spiegelsymmetrischen Hälften, den beiden Gesäß-backen, aufgebaut, die von der Analrinne getrennt werden.

Der Analrinne, auch liebevoll »Mokkafalte«, »Klempnercanyon« oder »Maurerdekolleté« genannt, kommt bei Ihrem Mann eine besondere Bedeutung zu. Aber dazu gleich mehr.

Ihrem Hintern bzw. dem Ihres Mannes kommt nicht nur eine Stützfunktion des gesamten Rumpfes zu. Nein, dank seiner Fettpolster erlaubt der Po auch längeres bequemes Sitzen.

Er stellt nach dem Bauch das größte Fettdepot dar. Dass dort enormes Wachstumspotenzial schlummert, werden Sie bei längerer Laufzeit sicherlich feststellen.

Doch der Po ist keine Einbahnstraße. Denn: Der Hinternmuskel ist nach dem Kaumuskel der stärkste Skelettmuskel des männlichen Körpers. Und da ein muskulöser Hintern Ihrem Mann optisch ausgesprochen gut steht, empfiehlt es sich, Ihren Mann mit gezielten Übungen fit zu machen, z. B. Einkaufstüten das Treppenhaus hochtragen, den Müll die Treppen runtertragen, eine kleine Fahrradtour ins nahe gelegene Portugal. Nichts Wildes, Hauptsache anstrengend und entgegen seinen »normalen« Aktivitäten.

Bei entsprechendem Training werden Sie zum kommenden Weihnachtsfest sogar das Flötenkonzert Ihrer Neffen ausstechen, wenn Ihr Mann zum Knacken der Paranüsse lediglich die Hose runterlassen muss. Ist das nicht spitze?

 Da Ihr Mann oft kaum in der Lage ist, seine Muskeln genau zu kennen, wird er versehentlich versuchen, seinen Schließmuskel zu trainieren. Das wird der Optik seines Hinterteils optisch sicher nichts nutzen.

Lassen Sie ihn dennoch – gerne auch mehrmals am Tag – ruhig eine Weile auf der Toilette verweilen. Die Ruhe wird ihm fast meditative Ausgeglichenheit verleihen.

Abgesehen davon ist der Mann – gemäß seiner Grundprogrammierung – stets bestrebt, etwas zu schaffen, etwas zu produzieren. Das macht natürlich auch vor dem gekachelten Refugium nicht Halt. Es wird Sie sicher befremden zu sehen, mit welch glänzenden Augen er dann und wann in die Keramik guckt, aber verstehen Sie: Ihr Mann ist stolz auf **alles**, was er mit eigenen Händen (oder anderen Körperteilen) schafft!

Und auch in diesem Falle ist das ja nicht gerade wenig.

Des Weiteren werden Sie feststellen, dass Ihr Mann versuchen wird, mit seinem Hintern Töne zu erzeugen, und zwar zu jeder Tages- und Nachtzeit. Dieser kleine Fabrikationsfehler ist lästig, aber durch behutsames Schimpfen und kleinere Strafen (Stubenarrest, PlayStation-Verbot, Alkoholentzug oder in ganz schlimmen Fällen auch Sexentzug) schnell zu beheben.

Ihr Mann – das werden Sie sicher auch schnell feststellen – hegt ein geradezu liebevolles Verhältnis zu seinem Hintern. Nicht zuletzt deshalb verteidigt er ihn, indem er sich einfach lange Zeit schützend auf ihn setzt. Auch mag er es, ihn häufig liebevoll zu kratzen oder ihn stolz einfach mal partiell Nachbarn, Freunden oder Baustellenpassanten zu präsentieren. (s. o. Stichwort Analrinne). Für ihn ist das keineswegs peinlich, sondern ein völlig normaler Vorgang und fester Bestandteil seiner genetischen Programmierung.

Um die reibungslose Funktion Ihres Mannes genau wie seine tadellose Optik stets gewährleisten zu können, vermeiden Sie harte oder kalte Unterlagen unter dem Hintern ihres Mannes. Andernfalls drohen schmerzhafte, blumenkohlartige Hämorrhoiden am Verklappungskranz, die genau so hässlich sind, wie sie klingen. Falls Sie weitere Details brauchen – einfach bei

Frau Dr. Roche melden, die hat dem Analblumenkohl einen ganzen Roman gewidmet.

Sollten Sie – aus welchen gottverdammtnochmal fertigen Gründen auch immer – annehmen, dass Ihr Mann bei der rektalen Verklappung so etwas wie Lustgewinn verspürt und Sie bei ihm ohnehin kaum noch sexuelle Reizpunkte setzen können, dann lesen Sie hier halt noch kurz weiter:

Bei der sogenannten **Injakulation** handelt es sich um einen – im wahrsten Sinne des Wortes – Kniff, der beim Mann im Falle des Höhepunktes nicht nur die Ejakulation verhindert, sondern Ihren Mann zusätzlich und langfristig stimuliert. Dazu bedienen Sie sich des »sächsischen Griffs«: Durch einen Druck auf den Punkt zwischen After und Hodensack vor dem Stimulationshöhepunkt wird – bei konsequenter Anwendung der Methode – der Samenleitereingang vor der Harnröhre abgedrückt, so dass das Sperma nicht … nein, tut mir leid, ich kann das nicht!
Gehen Sie doch bitte ins Internet und googeln Sie das »spannende« Thema Injakulation, danke!

> **TIPP Kaufen Sie Ihrem Mann spätestens nach dem 35. Lebensjahr keine Hosen mehr, die lediglich (wenn überhaupt!) den Beckenbereich abdecken. Denn das, was Sie und andere zu sehen bekommen, reicht für mehr als einen Horrorfilm. Und kaufen Sie die Hosen grundsätzlich sechs Nummern größer als Ihr Mann verlangt. Zahlen sind nun mal nicht sein Ding! Er kann sich nur die Hosengröße merken, die er zum Zeitpunkt seiner Einschulung trug.**

S WIE SCHALTZENTRALE, GEISTIGE

Um gleich mit dummen Gerüchten aufzuhören, die ich selber auch noch in die Welt gesetzt habe: Die Behauptung, dass das menschliche Gehirn und der Penis nicht in der Lage seien, gleichzeitig betrieben zu werden, ist völliger Blödsinn. Als ich das schrieb, lief gerade eine schöne Frau vorbei – da konnte ich natürlich keinen klaren Gedanken fassen.

Sei's drum, die geistige Schaltzentrale finden Sie bei Ihrem Mann im **Schädel**, direkt unterhalb der Schädeldecke. Normalerweise ist das Gehirn bei allen ausgelieferten Männern gleich groß. In etwa in der Dimension einer Honigmelone. Sollte das Gehirn deutlich kleiner sein, hoffen Sie, dass Ihr Mann in einer möglichst hohen Liga kickt und Ihnen genug Geld zum sinnlosen Vershoppen übriglässt.

Das Gehirn, welches komplett mit einer Schutzfolie, der Hirnhaut, überzogen ist, besteht hauptsächlich aus Nervengewebe und nicht etwa – wie häufig fälschlich angenommen – aus zwei eingeweichten Brötchenhälften. *(Auch wenn das in diversen deutschen Großraumdiskotheken einer eingehenden Prüfung bedürfte.)*

Das Gehirn dient Ihrem Mann, komplexe Sinneseindrücke und jedwede Form von Informationen aufzunehmen und weiterzuverarbeiten. Da tagtäglich eine Vielzahl von Eindrücken auf Ihren Mann einprasselt, werden viele Informationen unbewusst verarbeitet und auch genauso unbewusst geschieht mitunter die Reaktion auf diese.

So sollte es Sie nicht weiter wundern, wenn Ihr Mann Eindrücke wie attraktive Frauen in kurzen Röcken, Bierwagen oder vorbeirollende Bälle mit Speichelsturz bzw. wilden Zuckungen quittiert.

Nehmen Sie es ihm nicht übel – diese Programmierung hat er bereits ab Werk und sie lässt sich selbst mit Lötkolben nicht von der Platine löschen. *Wobei ich dringend darauf verweisen muss, dass man ohnehin davon absehen sollte, dem Partner mit 'nem Lötkolben im Kopf herumzumanipulieren.*

In seinem Aufbau muss man das Gehirn in vier Stücke teilen (also, jetzt textlich).

Das **Großhirn** besteht aus zwei stark zerfurchten Halbkugeln, die parallel angeordnet sind. In diesem Bereich spielt sich ein Gutteil all dessen ab, was oben bereits aufgeführt worden ist. Informationsverarbeitung, Sprache, aber auch Dinge wie Einfühlungsvermögen, soziale Intelligenz und die Ausbildung verschiedenster Kompetenzbereiche wie z. B. musische Interessen.

Ja, Sie haben richtig gehört. Zu all diesem ist Ihr Mann fähig. Theoretisch zumindest.

Und weil das Großhirn wie ein Muskel funktioniert, kann es natürlich auch entsprechend trainiert werden. Mit Sudoku, Schach oder – falls das Einstiegslevel anders sein sollte – gerne auch komplexen Telefonspielchen auf bekannten TV-Kanälen.

Das **Kleinhirn** wiederum ist in erster Linie für die Koordination des Gleichgewichts und die Koordination der Bewegung Ihres Mannes verantwortlich. Auch für den Spracherwerb und die Ausbildung der sozialen Kompetenz ist das Kleinhirn verantwortlich.

Gerade deshalb sollten Sie ein Auge auf seinen Alkoholkonsum haben, um sicherzugehen, dass eben nicht all diese Funktionen in einem postalkoholischen Teilzeitschlaganfall (liebevoll auch »Russengrippe« genannt) verlustig gehen.

Andererseits: Dass Ihr Mann dann und wann sein Gehirn mit Bier durchspült, ist ein beabsichtigtes und vernünftiges Resetten der Festplatte, um die gesamte Schaltzentrale herunterzufahren und vor der drohenden Gefahr einer Reizüberflutung prophylaktisch zu schützen. So intelligent ist Ihr Mann – Selbstschutz ist ihm immens wichtig.

Während dem **Zwischenhirn** lediglich eine Mittlerfunktion zukommt, ist das **Stammhirn** das vielleicht elementarste Steuerelement Ihres Mannes. Hier werden nicht nur alle motorischen Funktionen koordiniert, sondern auch Grundfunktionen wie Herzschlag, Atmung oder Stoffwechsel gesteuert.

Sie sehen also *(sehr frei nach Albert Einstein)*: Ihr Mann ist durchaus in der Lage, wesentlich mehr zu nutzen als die 10 Prozent, die im Allgemeinen an Gehirnmasse genutzt werden. *(Na ja, okay, vermutlich sind es nur 2.)* Wie bereits oben angerissen, ist es vor allem Ihre Aufgabe, intellektuelle Reizpunkte wie Theater-, Museums- oder Konzertbesuche anzuregen, um die zerebrale Ausbildung Ihres Mannes zu fördern. *(Falls Sie sich das fragen sollten: Jawohl, der Ballermann geht durchaus als Konzertbesuch durch, Hooters ist ein Museum und das Ruhrpottderby BVB gegen Schalke kommt einem vollwertigen Theaterbesuch gleich.)* Sollte Ihnen Ihr Mann derlei Aktivitäten vorschlagen, reagieren Sie nicht gereizt, sondern honorieren Sie seine Vorschläge als Mitarbeit an seiner geistigen Fortbildung und gehen Sie mit.

Beziehungsweise: Lassen Sie ihn alleine gehen. Oder mit den anderen Männern. Er tut das doch nur für Sie!

VERWENDUNGSMÖGLICHKEITEN
Die elementarsten Betriebs- und Einsatzmodi

BESCHÜTZERFUNKTION

Nach *der* Verwendungsmöglichkeit wahrscheinlich die zweitbeste, keine Frage. Ihr Mann ist dafür gebaut worden, um Sie vor allen Gefahren zu beschützen, die es auf dieser Welt gibt. Hier eine kleine Auswahl:

- lästige Kollegen
- noch lästigere Kolleginnen
- harmlose Passanten
- böse Menschen, die sich als harmlose Passanten tarnen
- Autogrammjäger
- böse Menschen, die sich als Autogrammjäger tarnen und eigentlich nur Passanten sind!
- Kampflesben mit Beschlafungsauftrag
- Nachbarn
- Nachbarinnen
- Unbekannte
- Bekannte
- Perverse
- perverse Bekannte
- Panflötenindios
- Windige Gebühreneintreiber
- Bettler (okay, das war eine Doppelung)
- Drückerkolonnen
- der Butzemann
- Scientologen mit Infomaterial, oder schlimmer:

- Tierschützer
- Tierschützer mit Farbbeuteln
- sämtliche Jugendlichen in Münchener U-Bahnen
- Tiere (nur bis zu einer Größe von 1,20 Metern und einem Gewicht von nicht mehr als 25 Kilogramm!)
- Wetter (gerne stellt sich Ihr Mann z. B. als fleischgewordener Blitzableiter zur Verfügung!)
- herabfallendes Gestein
- Dunkelheit
- Geräusche
- schlechte Nachrichten

Ein Blick auf Ihren Mann (zumindest bei den jüngeren und gepflegten Ausgaben) reicht, um sich davon eindrucksvoll zu überzeugen.

Die bereits in der preiswerten Grundausstattung mitgelieferten Sicherheits-Features garantieren Schutz rund um die Uhr. Je nach Training seines Bizeps, Trizeps, Stirn (was weiß ich, wie der die trainiert hat?!) und sonstigen Security-Tools kann Ihnen nichts mehr passieren.

 Nicht immer erkennt Ihr Mann die Gefahr, in der Sie schweben. Und das ist so gewollt. Oder fänden Sie es hilfreich, wenn Ihr Mann eine von Ihnen eingeleitete Kaufrauschattacke mit seinem vollen Körpereinsatz verhindert? Sehen Sie, es hat alles seinen Sinn.

Gut, sicher, sollten Sie ihn beim speziellen »Supersale« Ihres präferierten Kaufhauses dennoch mitnehmen, können Sie ihn zumindest dafür einsetzen, Ihren Mitkonkurrentinnen unverbindlich die Unterarme zu brechen, um sie vom Schuhregal fernzuhalten.

In der Regel gilt: Zeigen Sie ihm, wenn Sie seinen Schutz benötigen. Ein einfaches »Du, der Typ da hinten guckt mich so doof an!« reicht vollkommen, um ihn zu motivieren. Manchmal reicht sogar ein »Du, der Typ da …« Eigentlich sogar immer.

> **TIPP** Gelegentlich spürt Ihr Mann nicht mehr, wann sein Schutzeinsatz beendet ist. Ein einfaches »Du kannst jetzt aufhören, er atmet schon nicht mehr!« oder »Ist das wirklich nötig, jetzt noch vom Stromkasten auf ihn zu springen?« wird ihn schlagartig dazu bringen aufzuhören.

In manchen akuten Bedrohungssituationen kann es vorkommen, dass Ihr Mann nicht genau weiß, wie er sie beschützen soll. Zeigen Sie ihm auf dezente Art und Weise, was Sie von ihm verlangen. Andernfalls kann es z. B. passieren, dass Ihr Mann das komplette Schlafzimmer auseinandernimmt, nur um das »böse Geräusch« zu töten, das Sie um den Schlaf bringt. Inklusive Entfernen der Tapeten und Holzpaneele sowie Rausreißen der gesamten Wasserrohrleitung und Umpflügung des Gartens plus Komplettrasur der Hecke. Hier würde es sich empfehlen ihn einfach aufzufordern, wach zu bleiben, damit Sie trotz des »bösen Geräusches« den Schlaf finden, den Sie verdient haben.

> **TIPP** Um es Ihrem Mann ein wenig leichter zu machen, reicht es ihm zu sagen, dass Sie »ohne ihn nicht schlafen können, mit ihm hingegen schon.« Bis ihr Mann begreift, was Sie ihm damit sagen wollen, ist die halbe Nacht schon vorbei und Sie um ein wundervolles Erlebnis reicher. *(Na ja, … vielleicht nicht die halbe Nacht, aber dolle fünf Minuten sind ja auch was.)*

Manchmal kann es passieren, dass Ihr Mann Gefahrensituationen nicht erkennt, was schlicht und ergriffen darin liegt, dass ihm diese völlig fremd sind. Hier einige typische Beispiele:

- High Heels (wenn sich Ihr Mann damit auskennt, sollten Sie ein Gespräch suchen)
- Nagelfeilen
- Peelings
- Brazilian Waxing (wenn sich Ihr Mann *damit* auskennt, vergessen Sie das Gespräch)
- Parklücken
- das kleine billige Flittchen von der Käsetheke (Code Red!)
- Strom
- Internet (ich muss Ihnen nicht sagen, welche Gefahren ich meine!)
- Extremsport

Aber keine Angst: Auch diese Gefahren kann Ihr Mann spielerisch abwehren. Vorausgesetzt, Sie bringen Ihm mit viel Geduld bei, warum diese lauernden Gefahrenherde für Sie besonders gefährlich sind.

Was aber ist zu tun, wenn Ihr Mann Sie zu beschützen versucht, obwohl Sie dies

Sylt – herrlich
romantische Insel

gar nicht verlangen? Es kann schließlich vorkommen, dass der Typ, der Sie die ganze Zeit so doof fixiert, gar nicht so doof ist, oder tatsächlich doof, aber dafür extrem gutaussehend. Und ausgerechnet in dieser Situation zeigt Ihr Mann, dass er etwas dazugelernt hat, und spannt mit festem Blick auf die akute Bedrohung sämtliche Security-Tools an! Nun, da reicht ein einfacher Trick:

> **TIPP** **Behaupten Sie, dass sich an Ihrem Auto, das auf dem Parkplatz steht, ein fremder Kerl zu schaffen macht, und beten Sie dann für den Parkplatzwächter. Ihren Mann sind Sie jedenfalls für die nächsten Stunden los – und Ihrem Vergnügen steht keiner mehr im Weg.**

DER »VOLLAUTOMATISCHE BESTÄTIGER«

Bitte beachten Sie zunächst einmal, dass der Begriff »vollautomatischer Bestätiger« nicht bedeutet, dass es sich bei Ihrem Mann bereits werkseitig um einen »vollautomatischen Bestätiger« handelt. Denn – bevor er zum »vollautomatischen Bestätiger« wird, müssen Sie ihn erst programmieren. Aus diesem Grunde lesen Sie bitte die folgenden Zeilen sehr genau – Fehler bei der ersten Grundprogrammierung Ihres Mannes lassen sich später nur sehr schwer wieder korrigieren.

Sollten Sie bei Ihrem Mann keinen Wert auf seine Qualitäten als »vollautomatischen Bestätiger« legen, dann blättern Sie einfach zum nächsten Kapitel.

Sobald sie Ihren Mann funktionsgerecht »aufgebaut« haben und er endlich damit aufgehört hat, hin und her zu laufen oder Sie mit dem Blick eines Debilen zu fixieren, zwingen Sie ihn mit einer deutlichen Ansage, Ihnen nun ganz genau zuzuhören. Das wird er tun, und wenn Ihre Ansage wirklich deutlich ist, dann wird er es auch *sofort* tun. Falls nicht, hilft eine leichte Modulation Ihrer Stimme und das dezente Anheben Ihrer »bösen« Hand.

Stellen Sie ihm nun die **ersten drei Bestätigungsgrundfragen**, achten Sie aber bitte darauf, diese Fragen laut und deutlich zu formulieren und vor allem sehr langsam, denn Sie dürfen nicht vergessen, er hat diese Fragen noch nie zuvor gehört. Fragen Sie ihn nun:

1. Findest du mich hübsch?
2. Bin ich zu dick?
3. Wie findest du mein neues Outfit?

⚠ Diese Fragen bitte nie nahtlos hintereinander stellen! Damit überfordern Sie Ihren Mann unnötig. Lassen Sie ausreichend Zeit zwischen den Fragen.

Wundern Sie sich nun bitte nicht, dass Ihr Mann Ihnen nicht sofort antwortet, das ist völlig normal. Wie gesagt, er kennt die Antworten nicht, weil er die Fragen wirklich noch nie gehört hat.

Jetzt wird es ein bisschen kompliziert, denn die Antworten auf die Fragen müssen **Sie selbst** geben. Klar, denn schließlich wollen Sie ja auch genau diese Antworten später von Ihrem »vollautomatischen Bestätiger« hören.

TIPP **Betrachten Sie Ihren Mann für einen kurzen Moment wie ein fleischgewordenes Diktaphon. Vielen Endverbraucherinnen hat dieser Tipp bei der Grundprogrammierung sehr geholfen.**

Folgende Antworten sind leicht genug, um Ihrem Mann die Gelegenheit zu geben, sie oftmals schon nach dem ersten Hören abzuspeichern und dann auch vollautomatisch zu geben.

1. Findest du mich hübsch?

Antwort: **Hübsch beschreibt das Glück nicht annähernd, das ich bei deinem Anblick spüre. Du bist wunderschön!**

2. Bin ich zu dick?

Antwort: **Was für eine Frage, mein Schatz, du bist nicht zu dick, es sei denn Perfektion und göttliche Harmonie wären nun Schimpfwörter!**

3. Wie findest du mein neues Outfit?

Antwort: **Du siehst phantastisch aus, bitte sei mir nicht böse, dass ich es nicht gleich gesagt habe, aber ich war wie geblendet von deinem Anblick!**

Zugegeben, manche Antworten wirken auf den ersten Blick nicht praxisgerecht, aber im Ernst, wären Ihnen folgende Antwortalternativen lieber?

1. Findest du mich hübsch?

Antwort: **Irgendwie schon.**

2. Bin ich zu dick?

Antwort: **Nicht mehr als deine beste Freundin.**

3. Wie findest du mein neues Outfit?

Antwort: **Hast du noch den Kassenbon?**

Sehen Sie, da macht es doch Sinn über die möglicherweise »ungeeigneten« Antwortmöglichkeiten nachzudenken.

TIPP Sollten Sie keinerlei Interesse oder schlicht zu wenig Zeit für die Grundprogrammierung Ihres »vollautomatischen Bestätigers« haben, dann programmieren Sie

für jede Frage bei Ihrem Mann ein einfaches »Äh« als Antwort und denken Sie sich dann Ihren Teil. Das ist nicht schön und wirklich befriedigend, funktioniert aber auch.

Im Laufe der Zeit wird sich Ihr Mann an Fragen gewöhnen, die für ihn zunächst überhaupt keinen Sinn machen, aber er wird irgendwann automatisch erkennen, welche Fragen sein »vollautomatisches Bestätigermodul« aktivieren sollen. Werkseitig verfügt Ihr Mann über mehr als 387 verschiedene Antworthülsen, die er je nach Praxiseinsatz beliebig variieren kann. Alles reine Übungssache.

 Je öfter Sie Ihren Mann als »vollautomatischen Bestätiger« einsetzen, desto ungewöhnlicher werden seine Antworten. Achten Sie daher unbedingt darauf, falsche Antworten sofort zu löschen.

Vergessen Sie nicht, Ihren Mann gelegentlich zu loben, wenn Sie mit seinem Einsatz als »vollautomatischer Bestätiger« zufrieden waren. Vor allem bei Männern mit hoher Laufzeit wirken kleinere Lobeinheiten Wunder.

ENTERTAINMENT

Ohne jede Übertreibung: Etwas Besseres als Ihren Mann finden Sie nicht, wenn es darum geht Entertainment der Spitzenklasse zu erwerben. Hier liegt seine Kernkompetenz, hier fühlt er sich wohl, hier will er sein, hier will er zeigen, was er drauf hat – und das ist eine ganze Menge.
Beginnen wir mit dem, was Sie an einem Mann (laut unzähligen Untersuchungen!) am meisten mögen – **Humor!**

Hier wird werkseitig zwischen zwei Angeboten unterschieden, seinem *freiwilligen* Humor und seinem **unfreiwilligem**.

Falls Sie nur Wert auf seinen freiwilligen Humor legen, dann überspringen Sie bitte den nun folgenden Absatz. Sind Sie jedoch ein Fan seines unfreiwilligen Humors, dann lesen Sie bitte den nun folgenden Absatz besonders intensiv durch. Denn immer wieder lamentieren aufgebrachte Besitzerinnen eines Mannes, dass ihr Mann gar keinen oder viel zu selten unfreiwilligen Humor zeigt. Dabei ist die Bedienung dieses Entertainment-Tools kinderleicht, wenn man weiß, wie es geht. Anhand einiger praxiserprobter Beispiele möchte ich Ihnen verdeutlichen, wie einfach es geht, Ihren Mann zu einer Ikone unfreiwilliger Komik werden zu lassen:

- Lassen Sie ihn sich alleine anziehen.
- Geben Sie ihm die Möglichkeit eine Rede zu halten, in der nicht einmal das Wort »ich« oder »Fußball« auftauchen darf.
- Bitten Sie ihn, Ihre Unterwäsche zu stapeln.
- Schenken Sie ihm den Glauben, dass er in seinen weißen Unterhosen sehr sexy aussieht, und laden Sie dann – ohne ihn zu informieren – Ihre besten Freundinnen ein.
- Schicken Sie ihn zum Wocheneinkauf in einen Supermarkt. (Aber: Bitte unbedingt ohne Einkaufszettel!)
- Bestehen Sie darauf, dass er seine Lieblingswitze erzählt. Alle!
- Fordern Sie ihn spielerisch dazu auf, seine Nasenhaare zu trimmen.
- Animieren Sie ihn, sein Verhältnis zu seiner Mutter zu erläutern.
- Bitten Sie ihn, die Begriffe Überhangmandat, vorausschauendes Denken, Logik und Bruttoregistertonnen zu erklären.

- Lassen Sie ihn nach zwei bis drei Gläsern Bier kopfrechnen.
- Wünschen Sie sich von ihm, dass er Ihnen etwas vortanzt. (Es muss nicht gleich Ballett sein, auch Standardtänze funktionieren prima.)
- Beobachten Sie ihn beim Versuch, seine Fußnägel zu schneiden.
- Lassen Sie ihn unvorbereitet durch die frisch umgestellte Wohnung laufen. *(Tipp für Kennerin: unbedingt mit freiliegenden Zehen! Es ist so ein Spaß, wenn er zum zwölften Mal vor ein Tischbein knallt, das da »nie« gestanden hat.)*

Na? Jetzt wissen Sie, wie es geht, oder? Sie müssen einfach nur Situationen finden oder simulieren, in denen er sich unwohl fühlt oder überhaupt nicht auskennt, und schon kennt seine unfreiwillige Komik keine Grenzen.

Männer –
immer lustig

Um seinen **freiwilligen Humor** zu aktivieren, müssen Sie nichts tun, lassen Sie ihn einfach agieren. Dabei spielen das Ambiente, seine Tagesform und sein Alter keinerlei Rolle. Ihr Mann ist komisch! Immer! Es sei denn, Sie haben im Bereich der Pflege, Wartung oder Haltung gravierende Fehler begangen.

Gespräche als reines Entertainment
Gespräche sind zugegebenermaßen nicht unbedingt sein Ding. Im Unterschied zu Ihnen muss Ihr Mann nicht sprechen, woraus folgt, dass er auch keinen Bedarf sieht, mit seinen Gesprächsanteilen zu unterhalten. Es sei denn:

- Sie treffen einen Triggerpunkt, der ihn in den Automatismus zwängt, seine vier bis fünf Lieblingsanekdoten zum Besten zu geben, z. B. wie er bei einer Fahrradtour 1959 die ausgetrocknete Edertalsperre durchquert hat, oder wie ihn beim Südfrankreichurlaub straußeneigroße Hagelkörner fast erschlagen hätten. Auch seine detailgetreue Analyse der Weltmeistermannschaft von '74 bildet eine feste Größe im Programm Ihres Mannes.
- Sie erzählen ihm von gravierenden Problemen im Job, mit Freundinnen oder Alltag. Er wird sich all dieses geduldig anhören und nach ca. 12,3 Sekunden hilfreiche Lösungen anbieten. Von denen Sie natürlich exakt **null** hören wollen. Ihnen hätte es auch gereicht, Ihren Seelenmüll widerwortlos bei ihm zu verklappen.
- Ihre beste Freundin ist bei Ihnen zu Gast. Jetzt wird Ihr Mann automatisch seine Gesprächsanteile erhöhen, was aber nichts mit seinem Wunsch nach Entertainment zu tun hat, sondern lediglich eine Art Hilferuf ist, um endlich von dieser Frau beachtet zu werden. Dass das nicht in Ordnung ist, versteht sich von selbst. Seien Sie deshalb nicht zu zögerlich, wenn Sie ihn darauf aufmerksam machen, dass er sich nicht an der Unterhaltung beteiligen muss.

TIPP Beschäftigen Sie Ihren Mann für die Dauer des Aufenthaltes Ihrer besten Freundin mit Arbeiten im Haushalt. Dann sparen Sie sich die unnötigen Komplikationen gleich im Vorfeld, und nebenbei verbinden Sie das Nützliche mit dem Sinnvollen. Geht doch!

Der Mann als Spektakel

In Momenten, in denen Sie die Langeweile übermannt, sollten Sie sich stets des Umstandes bewusst sein, dass Ihr Mann bereits auf einen kleinen Wink bereit ist, ein Artistikfestival der »Flic Flac«-Güteklasse eins abzuliefern.

Dabei kommt Ihnen zu Hilfe, dass Ihr Mann angeborenerweise dazu neigt, jedwede Situation, die er gerade noch eben unfallfrei über die Bühne gekriegt hat, bis aufs Blut auszureizen.

Und wenn ich »Blut« sage, dann meine ich Blut!

Folgende Situationen bergen enormes Entertainment-Potenzial:

- Warten Sie, bis er Ihnen bei der gemeinsamen Rollerblade-Tour seine 360-Grad-Schraube zeigen will.
- Animieren Sie ihn mit leuchtenden Augen zu seinem berühmten Rückwärtssalto vom Beckenrand, den er zuletzt mit 14 gemacht hat.
- Erfreuen Sie sich an seinem Bandscheiben brechenden Limbo-Exzess auf der Geburtstagsparty. (Die aufpeitschenden Klänge der »Saragossa Band« haben schon so manchen ins Verderben getrieben.)
- Warten Sie beim Häuserklinkern darauf, bis sein Übermut ihn wieder zur Ziegelstein-Jonglage antreibt.
- Pieken Sie ihn, bis er zum Abendessen sein Fondue Flambée macht.

- Fragen Sie ihn, ob er immer noch so ein guter Autofahrer ist und ob er die Handbremsenwende noch draufhat.
- Konnte er nicht auch mal Einrad fahren?

TIPP Sie sollten sich der Tatsache bewusst sein, dass der Übermut Ihres Mannes zwar äußerst unterhaltsam ist. Aber wenn Sie nicht in der Lage sind, ihn schnell zu löschen oder den herausgesprungenen Knochen wieder ins Schienbein zu drücken, sollten Sie darüber nachdenken zum Entertainment vielleicht doch einfach eine DVD zu gucken.

Womit ich am Ende noch kurz den Bereich des Entertainments streifen will, der wirklich nur für Ihren Mann dazugehört: Pornos (im Folgenden »Schwedenwestern« genannt, um die Seriosität dieses Buches zu wahren).

Es kann immer wieder vorkommen, dass Ihr Mann sich nach derartigem Filmmaterial oder bebilderten Inhaltsangaben jener Filme sehnt. Dies wird er meistens heimlich tun, weil er sich schämt, dies zu tun. Ganz klar, dieses Schambewusstsein führt in den meisten Fällen dazu, die Sehnsucht zu unterdrücken. Bei älteren, unausgelasteten oder sehr jungen Männern aber kann das Schambewusstsein nicht stark genug ausgeprägt sein – und dann findet automatisch eine Sehnsuchtsbefriedigung statt. Je nach Bewegungsprofil Ihres Mann wird er seine Sehnsucht in seinem unmittelbaren Umfeld stillen (Fernsehzimmer, Schlafzimmer usw.) oder aber in speziell dafür eingerichteten Geschäften.

Natürlich handelt Ihr Mann in keinem Fall korrekt – Schwedenwestern taugen nichts. Der Inhalt ist lapidar und die Absicht dieser Filme zu eindeutig, um darüber überhaupt zu diskutieren. Falls Ihr Mann das nicht einsieht, gehört er zum ganz normalen Durchschnitt. Falls Ihr Mann das aber einsehen soll, dann entfernen Sie ihn vom ganz normalen Durchschnitt, d. h.: Sie lassen ihn weder etwas im Internet bestellen, noch erlauben Sie ihm, Ihr Haus zu verlassen, und ans Telefon lassen Sie ihn selbstverständlich auch nicht. Sollten Ihnen diese drastischen Maßnahmen nicht gefallen, oder in ihrer konsequenten Umsetzung zu schwerfallen, dann müssen Sie leider akzeptieren, dass Ihr Mann zum ganz normalen Durchschnitt gehört.

Männer und Kinder

Sie werden sich fragen: »Ja, wo ist denn hier der Unterschied? Mein Mann ist doch auch noch ein Kind.« *(Wenn auch zum Glück nicht an allen Stellen.)* Statt sich diese Frage zu stellen, sollten Sie vielmehr darüber nachdenken, welchen Nutzen Sie aus diesem Kapitel ziehen können. Und seien wir ehrlich, Sie wollen sich keine Fragen stellen, sie wollen Antworten. So soll es sein!

Ihnen ist wahrscheinlich gleich bei der ersten Inbetriebnahme Ihres Mannes aufgefallen, mit welcher natürlichen Neugier er versucht, sein neues Zuhause zu erkunden. Das hat doch auch Ihnen großen Spaß bereitet. Sie erinnern sich bestimmt noch daran, wie er versucht hat, etwas Essbares zu finden, und Sie auf einmal so komisch angesehen hat. Sie haben ihm dann aber sicherheitshalber nur den Weg zur Küche gezeigt und seine kleine Enttäuschung souverän überspielt. Und das war richtig, denn: Sie sind nicht seine **Mutter**, Sie sind seine **Frau**!

Das müssen Sie ihm immer mal wieder sagen, ein kleiner Defekt in seiner Grundprogrammierung macht diese lästige Pflicht leider nötig. Dass er immer wieder versuchen wird, Sie mit seiner Mutter zu vergleichen, ist ebenfalls eine irreparable Konsequenz dieses technischen Fehlers. Ich bitte hiermit, auch im Namen des Erzeugers, um Entschuldigung.

Falls Ihr Mann Sie mal »Mutti«, »Mama«, »Mami«, »Mamitschka« oder ähnlich bescheuert nennt, greifen Sie beherzt in den emotionalen Waffenschrank, in dem sich bewährte Strafen finden wie: Fernsehverbot (beim ersten Mal!), Essensentzug (beim zweiten Mal!) – im Wiederholungsfall: Elektroschocks, Wollunterwäsche, Peitscheneinsatz ... oder, wenn es ganz schlimm wird, nennen Sie ihn vor seinen Freunden: »Uschi.« »Kleiner Lustlümmel« geht auch.

Wenn das geklärt ist, steht dem Einsatz Ihres Mannes beim Thema Kinder nichts mehr im Wege.

Die reine Hege und Pflege und kompromisslose Beaufsichtigung von Kindern beherrscht Ihr Mann wie kein Zweiter. Sollten Sie aber gesteigerten Wert auf **reinliche** Hege und Pflege und **gefahrlose** Beaufsichtigung von Kindern legen, dann sollten Sie entweder eine Anschaffung von Videoüberwachungskameras oder eine richtige Nanny (weiblich!) in Erwägung ziehen.

> **TIPP** **Achten Sie bei der Anstellung einer Nanny unbedingt darauf, dass die junge (?) Frau nicht in das Beuteschema Ihres Mannes passt, um Probleme zu vermeiden, von denen Sie ohnehin schon genug haben.**
> **Übrigens: Falls Sie ihn und die Nanny dabei erwischen, wie sie ihm (in Pampers) gerade mit einem Paddel den Hintern versohlt, während er am Daumen nuckelt, dann ist sie *definitiv* die Falsche!**

Gleich seine erste Begegnung mit einem Kind wird Ihnen zeigen, was für ein pädagogisches Naturtalent in Ihrem Mann schlummert. Ohne jegliche Anleitung oder Inspiration gelingt es Ihrem Mann mühelos, in die Erlebnis- und Bedürfniswelt eines Kindes einzutauchen. Er wird einen Ball zu Hilfe nehmen oder Bauklötze, um dem oder der Kleinen zu zeigen, was er will. Das Kind wird ihn instinktiv verstehen, was die erste Kontaktaufnahme ungemein erleichtert.

> **TIPP** **Sollte diese erste Kontaktaufnahme mit einem Ball nicht funktionieren, dann liegt es nicht an Ihrem Kind, sondern an Ihrem Mann. Erklären Sie ihm, dass Neugeborene noch keinerlei Interesse an einem Ball und/oder Gespräche über Bälle haben!**

Besonders harmonisch verlaufen die Beziehungen zwischen Ihrem Mann und kleinen Männern (gemeint ist nicht die Größe, sondern das männliche Kind). Hier sollten Sie ausreichend Freiräume schaffen, um das Verhältnis zwischen den beiden entsprechend zu fördern. Bei günstigen Wetterbedingungen, sollten diese Freiräume außerhalb Ihrer Wohnung sein, bei schlechten eigentlich auch.

> **TIPP** Zwingen Sie Ihren Mann und den kleinen Mann nach einem ausgedehnten Spiel im Freien die Außendusche Ihres Hauses zu benutzen, oder aber zeigen Sie den beiden »Rackern« den Weg durch den Keller Ihres Hauses zur Innendusche. Glauben Sie mir, das klingt hart, aber Sie lieben doch ein sauberes Zuhause, oder? Und kommt Ihr Hund nicht auch durch den Hintereingang, na sehen Sie?!

Machen Sie Ihren Mann frühzeitig mit dem Gebrauch einer Uhr vertraut. Unpräzise Angaben (z. B. »Ihr seid wieder da, wenn es dunkel wird!«) kann Ihr Mann mit dem Kind nicht richtig deuten. Dadurch bedingtes, lästiges Zuspätkommen ist ein Phänomen, das immer wieder zu beobachten ist, aber von der Herstellerseite leider auch nicht in den Griff zu bekommen ist.

> **TIPP** Falls Sie Ihrem Mann aus guten Gründen keine Kostbarkeiten, wie beispielsweise eine Armbanduhr, anvertrauen wollen, dann reicht auch ein »Du bist wieder da, wenn die Sportschau anfängt«. Dieser Zeitvorgabe kann Ihr Mann ohne jegliches Hilfsmittel folgen. So wie die Vögel im Winter den Weg in den Süden auch ohne Navi finden. *(Da staunen Sie, aber in so einem Mann steckt auch ein wenig Zauber!)*

Das Tolle an Ihrem Mann – gerade im Umgang mit Kindern – ist seine Widerstandsfähigkeit. Wie kein Zweiter ist er geeignet, den unbändigen Spieltrieb kleiner Menschen zu überwachen und doch enorme Freiheiten zu gewähren. So erduldet er beinahe klaglos folgende Szenarien:

- Puzzleteile, die ihm ins Auge gedrückt werden,
- Lego-Bausteine, die ihm im Fuß stecken,
- Schläge aufs Nasenbein mit dicken Ästen,
- das Fallen in acht Meter tiefe Gruben, die nur durch ein paar Äste abgedeckt sind,
- rostige Nägel, die ihm überraschend in den Fuß gehämmert werden,
- ein lose zusammengezimmertes Baumhaus, das ihm unerwartet auf den Kopf kracht,
- eine Plastik-Kinderrutsche, die ihm beim sehr zähen Hinabrutschen weite Teile von Hintern und Hüfte verbrennt,
- einen Fön, der ihm spontan in die Wanne geschmissen wird,
- Marder, die ihm beim Öffnen eines Schuhkartons im Kinderzimmer ins Gesicht springen,
- Dartpfeile im Hintern,
- das überraschende Unter-Strom-Setzen seines Lieblingssessels unter Zuhilfenahme des Elektrobaukastens »Alcatraz« sowie
- das Einreiben seiner Unterwäsche mit Juckpulver.

Auch in puncto Geduld ist Ihr Mann Marktführer. So können Sie sämtliche nerv- und zeitraubenden Tätigkeiten mit Kindern komplett auf ihn abwälzen, z. B. das lästige Zusammensetzen von Ü-Ei-Plastikschrott oder das mühsame Zusammenkleben von Modellbauflugzeugen. Leider stehen Geduld und Geschick in keinem proportionalen Verhältnis, so dass es durchaus vorkommen kann, dass Ihrem Mann am Ende des Tages Flugzeugtragflächen oder kleine »Stinger«-Raketen an den Armen hängen.

Ihr Mann wird sich aber auch mit kleinen »Frauen« verstehen. Sein eingebautes Frustabbautool macht es ihm möglich, bis zu 1000 Zurückweisungen pro Tag zu erdulden. *(Achtung: Bitte ab und an kontrollieren, da im Laufe der Zeit mit Kapazitätsschwund zu rechnen ist!)* Dieses Tool ist extrem wichtig für die reibungs- und konfliktfreie Funktion Ihres Mannes. Beispielsweise dann, wenn Ihre Tochter partout nicht mit ihm im Schlamm spielen oder die Live-Übertragung eines peruanischen Kreisligaspiels im Fernsehen verfolgen möchte. Hier zeigt sich die Stärke dieses Tools. Ihr Mann wird es tapfer immer wieder versuchen, das Kind von seinen Freizeit- und Spielangeboten zu überzeugen, ohne auch nur den Hauch von Frustration zu zeigen! Diese Geduld hätten Sie nie, wetten?

Da Ihr Mann lernfähig ist *(Jaha!!! Er ist es!!!)*, wird er schnell wissen, was Ihrem Kind Freude macht. Sobald er dies weiß, kennt auch seine Freude kein Halten mehr. Ihnen schenkt er dadurch Stunden der Freiheit.

- Wenn Sie shoppen wollen, wird er mit dem Kind spielen.
- Wenn Sie telefonieren, wird er dafür sorgen, dass das Kind Sie nicht stört.
- Wenn Sie über ein weiteres Kind nachdenken, wird er das vorhandene Kind in den Schlaf singen, um dann mit Ihnen die Vorbereitung eines weiteren Kindes zu organisieren.
  Übrigens: Wenn Sie ihm Sex in Aussicht stellen, wird er zur Not sogar die ersten vierzehn Strophen von »Hakuna Matata« in Suaheli singen, nur um wieder einmal in den Genuss einer weiteren Kopulationseinheit zu kommen.
- Wenn die Kinder krank sind, wird er sich dafür freinehmen. (Falls er einen Job hat, erinnern Sie ihn daran, wer der Chef im Hause ist – es ist *Ihr* Mann!)
- Wenn die Kinder bohrende Fragen stellen, wird er versuchen sie zu beantworten. (Versuchen, mehr nicht!)

- Wenn die Kinder Sorgen haben, über die sie nicht sprechen wollen, wird er bohrende Fragen stellen.
- Wenn die Kinder größer werden, wird er der Letzte sein, der es mitbekommt.
- Wenn die Kinder nicht größer werden, wird er sie füttern.

Diese Liste lässt sich beliebig fortsetzen, aber ich möchte Ihnen hier nicht die Freude nehmen, alle Vorzüge selbst zu entdecken. Ich garantiere Ihnen an dieser Stelle: Das schönste Spielzeug für Sie und Ihre Kinder ist Ihr Mann!

MANN UND KULTUR

Für viele Anwenderinnen ist die Kombination aus Mann und Kultur ein natürlicher Widerspruch. Aber wie so oft entstand dieser Widerspruch aus purer Unkenntnis und dem Fehlen einer hilfreichen Bedienungsanleitung. Das kann nicht oft genug erwähnt werden, nicht nur um den Absatz dieses Buches zu erhöhen, sondern auch um den Mann endlich wieder auf die Stufe eines Alleskönners zu heben.

Damit genug, kommen wir zur Praxis, der ich noch einmal einen Hauch von Theorie voranstellen möchte.

Das Wort »Kultur« kommt vom lateinischen *colere*, was nichts anderes heißt als »pflegen« oder »urbar machen«. So weit, so gut. Der Begriff Kultur ist aber erst seit ungefähr dreihundert Jahren in diesem Lande ein fester Bestandteil unseres gesellschaftlichen Lebens. Männer gab es aber schon weitaus früher, um ehrlich zu sein, sogar weit vor Ihnen. Wir erinnern uns, das Ding mit dem Apfel und der Schlange, na, wer hat reingebissen? Und wer war total unschuldig? Egal, Sie wissen Bescheid. Wenn also der Mann schon vor dem eigentlichen Kulturbegriff da war, dann war er doch auch zwangsläufig der Erfinder des Kulturbegriffes.

Wie, nicht?

Okay, dann eben anders. Ihr Mann hat nicht nur ein Herz für Kultur – er ist Kultur. So wie ein 911er, der seine elegante Schnauze kühn und stolz in den Abendhimmel reckt, wie ein junger Gott, der die Welt für uns anhält, nur weil uns das alles gerade zu schnell geht. *(Letzteres ist übrigens kein Pur-Zitat.)*

Wie, immer noch nicht?

Ich kann noch!

Es gibt zahlreiche Wege, den Kulturbereich Ihres Mannes zu entdecken. Die meisten der bekannten Wege sind leider Sackgassen. *(Achtung: kein Wortwitz, sondern nur eine Metapher!)* Es macht aber definitiv keinen Sinn, Ihren Mann zu kulturellen Handlungen zu zwingen, die er beim besten Willen nicht verstehen kann.

Halten Sie mal einer Kuh ein Glas Milch hin! Wissen Sie, was dann passiert? Nichts. Genau so ist es, wenn Sie ihren Mann zu einem **Ballettabend** zwingen. So wie für die Kuh ein Glas Milch *kein* Getränk ist, sind Strumpfhosen tragende Männer, die magersüchtige Frauen, die sich als Schwäne verkleidet haben, völlig grundlos durch die Gegend werfen, *keine* Kultur. Ein **Museumsbesuch** ist für ihn ebenfalls so spannend wie fünf Pfund Bordstein. All das dort Ausgestellte ist in der Regel tot oder gehört zu toten Menschen – und für ihn irgendwie auch zu Recht. Davon abgesehen sollten Sie auch ernsthaft überlegen, ob Sie sich das wirklich antun wollen, dem Museumswärter zu erklären, warum Ihr Mann der Mona Lisa gerade einen Hitler-Bart gemalt hat oder der Venus von Milo nur für ein digitales Spaßfoto an den Brüsten herumtatscht.

Theaterbesuche sind ebenfalls kaum empfehlenswert, da Ihr Mann alte, im Kindheitsalter gelernte Automatismen wieder auspacken wird und wie damals beim Verkehrskasper an entscheidenden Stellen Dinge wie »Pass auf, Hamlet! Hinter dir!« reinrufen wird. Das wollen Sie doch nicht. Zumal Theaterregisseure leicht reizbar sind und es durchaus passieren kann, dass der tobende Typ mit dem weißen Schal Ihrem Mann noch vor dem dritten Akt in den Hals beißt.

Muss ich noch ein Beispiel bringen, oder glauben Sie mir, dass er keine Sekunde zögern würde, bei einer **Lesung** ständig Worte reinzubrüllen, die unterm Strich eigentlich immer etwas mit »Pimmel« zu tun haben.

Ihn an das Lesen von **Büchern** heranzuführen, ist eine gute Idee und wird von ihm auch in der Regel schnell und mit Begeisterung umgesetzt – zumindest dann, wenn Sie »Er sitzt auf 'm Klo und liest den Kicker« als echte Lektüre gelten lassen. Ihre Anregung, sich doch neben dem Sportteil der Bild auch mal mit dem Feuilleton (muss ja nicht zwingend das der Bild sein) zu befassen, wird nur so lange auf Begeisterung stoßen, bis er realisiert, dass Sie mit »Föehtonn« eben nicht das VW-Modell »Phaeton«, sondern eben den Kulturteil der Zeitung gemeint haben. Konsequenz: Er wird sofort dichtmachen.

Was aber versteht Ihr Mann unter Kultur, und wo sind die Schnittmengen, in denen sich Ihr Kulturbegriff mit dem Ihres Mannes trifft?

Ganz einfach. Wieder einmal macht es Ihnen die Grundprogrammierung Ihres Mannes kinderleicht: Für Ihren Mann ist alles Kultur, wo sich einer oder mehrere der folgende Begriffe wiederfindet:

- Ball
- Ball
- Ball
- Ball
- Ball
- Schlagzeug
- E-Gitarre (zur Not auch Akustikgitarre, dann aber nur in Kombination mit dem Begriff unplugged)
- E-Bass
- Ball
- Ball
- Ball
- Ball
- Stollenschuh
- Hallenschuh
- Adidas
- Nike
- Puma
- Chuck
- Norris
- Schimanski (irgendwie noch …)
- Wayne
- Tarantino
- Comic
- Zeichentrick
- Ball
- Ball
- Ball
- Bruce Willis
- Bier
- Pils
- Alt
- Altbier
- Weizenbier
- Hefebier
- Bierhefe
- Lager (aber nicht das, wo Schuhe drinliegen)
- Ball
- Ball
- Ball
- Tor
- Eckfahne
- Mittelpunkt
- Strafraum
- Auto
- Motor
- Sport
- PS

- Zylinder
- Einspritzpumpe
- Moped
- Ball
- Ball
- Ball
- Torwart
- Viererkette
- Dreierkette
- Borussia
- Hardrock
- Punkrock
- Hosenrock (Jaha!)
- Schallwand
- Südtribüne
- Stadion
- Ball
- Ball
- Ball
- Wellen
- Bretter
- Schiff
- Boot
- Schiffer (Jaha, immer noch!)
- Ball
- Ball
- Ball
- Ball

und und und …

Die Liste lässt sich mühelos noch seitenlang fortführen, aber sind Sie nicht jetzt schon der Meinung, dass Ihr Mann ein ziemlich kulturelles Wesen ist? Ja, Sie können stolz sein auf Ihren Mann und Ihre Wahl! Auch das ist Kultur!

Stau – Ball, Ball, Ball, Ball, Ball

MANN UND TIER

Aufgrund seiner emotionalen Grundausrichtung ist Ihr Mann in der Lage, tiefe Beziehungen auf mehreren Beschäftigungsfeldern aufzubauen. Das kann betreffen:

- Sie,
- sein Auto,
- seinen Verein,
- seinen Fernseher,
- seinen Apfelbaum,
- die allsamstägliche Currywurst im Trucker-Imbiss,
- sein Lieblingswissenschaftsmagazin mit dem Klappposter in der Mitte,
- seinen Hobbykeller,
- ach ja, … Kinder. Aber vor allem auch:
- **Tiere!**

Eingangs wäre es wichtig zu erwähnen, dass der Mann vor allem deshalb ein solch unverkrampftes Verhältnis zu Tieren pflegt, weil er ihnen in der Evolutionspyramide vorsteht und ihnen intellektuell überlegen ist, z. B.:

- Amöben (sicher),
- Grottenolmen (ebenfalls sicher),
- Leguanen (sehr sicher),
- Erdmännchen (tolle gerade Haltung, trotzdem!),
- Pandabären (wenngleich er ihnen die Fähigkeit neidet, im Handstand zu pinkeln),
- Schimpansen (meistens).

Das Gefühl, all diese Rassen und Arten stets zu dominieren, beruhigt und befriedigt Ihren Mann. Obendrein reizt ihn der Umstand, dass die intelligentere Spezies der dümmeren stets etwas beibringen kann. Sollte es also einmal vorkommen, dass Ihr Mann nach der Betrachtung einer Dokumentation über Paviane plötzlich den Kronleuchter entlanghangelt und Bananen mit dem Mund öffnet, sollten Sie sich ernsthaft Gedanken machen. Hier liegt zweifelsfrei ein Defekt vor, den Sie kontrollieren lassen sollten.

Im Laufe der Jahrhunderte und -tausende hat sich speziell der Mann eine ganze Reihe von Tieren zu verlässlichen Partnern an seiner Seite gemacht. So dienten ihm vor allem Ziegen, Rinder oder Schweine als weitestgehend schweigsame, aber sowohl prä- als auch postmortal sehr ergiebige Mitbewohner. Dass der Halter dem Haustier im Laufe der Jahre immer ähnlicher wird, lässt sich in einigen ländlichen Gebieten gut am Schwein erkennen. Dass in denselben Gegenden die eine oder andere Ziege etwas verkniffen guckt, wenn Herrchen den Stall entert, möchte ich hier gar nicht weiter thematisieren.

Der Mann, den wir hier in unseren Breiten so kennen, nennt in der Regel folgende Tiere gerne sein Eigen:

Vögel

»Hansi«, »Lora« oder »Peterle« sind jahrzehntelang absolute Renner bei Männern gewesen. Kein Wunder, hat der kleine Piepmatz mit seinem gelben Gefieder und den kleinen Knopfaugen doch derart possierlich auf seiner Stange tiriliert, dass es selbst dem härtesten Kerl weich ums Herz werden *musste*. Zumal der Spaß mit wenig Futter, ein bisschen neuer Spreu und frischem Wasser alle paar Stunden auch zeitlich wie monetär überschaubar war. Fast unbezahlbar, die Geräuschkulisse, das gesellige Piepen, das nicht wenigen Männern stetige Gesellschaft um sie herum suggerierte und sie ihre Einsamkeit vergessen ließ. Mit der Einführung des Fernsehens als dauerhaftem Akustikgesellschafter sanken die Aktien des monoton lallenden Federviechs allerdings dramatisch in den Keller. So stellte der eine oder andere Mann nach längerer Zeit zwar fest, dass »Hansi« sich immer noch artig an die Stange krallte – das seit längerem allerdings kopfüber.

Sollten Sie vorhaben, im Bereich »Vögel« die nächste Stufe zu zünden, sind Papageien, Beos oder Kakadus eine hochinteressante Wahl. Aufgrund ihrer verbalen Gelehrigkeit sind diese Tiere das ideale Spielzeug für Ihren Mann, der sich hier ungehindert zum Denker und Lenker aufschwingen darf. Bedenklich allerdings wäre, wenn sich am Ende Ihr Mann noch ein, zwei neue Wörter von »Billy«, Ihrem Beo, abguckt.

TIPP **Unterbrechen Sie Gespräche zwischen Ihrem Mann und seinem Vogel, die länger als sechseinhalb Stunden dauern, vor allem dann, wenn Ihr Mann dabei versucht in den Käfig zu klettern. Glauben Sie mir, das sind keine normalen Gespräche zwischen Mensch und Kreatur.**

Fische

Fische sind einigen Männern ähnlich treue Haustiere wie Vögel – nur eben nahezu geräuschlos. Das beruhigende Blubbern der Umwälzpumpe *(ach, ha'm Sie noch nich'? Besser ma' flott einbauen!)* und die stromlinienförmigen Bewegungen der geschuppten Truppe sorgen für eine Tiefenentspannung, die Ihr Mann in diesen hektischen Zeiten bestens gebrauchen kann. Allein der Umstand, dass der Fisch permanent die Lippen bewegt und doch kein Ton zu hören ist – von Ihnen würde er sich ganz Ähnliches manchmal sehr wünschen, wenn er überhaupt wünschen dürfte; das darf er nicht, also vergessen Sie mal gleich, was ich da gerade geschrieben habe.

Sollte Ihr Mann sich Fische wünschen, halten Sie ihn an, sich um die Hygiene des Aquariums in aller gebotenen Regelmäßigkeit zu kümmern. Grünspan und Algen hat er Ihnen schließlich schon genug in der gemeinsamen Badewanne hinterlassen! Und der modrige Schilfgeruch aus dem ehemals klaren Wasser lässt erst Sie umkippen … und dann das komplette Gewässer.

Katzen

Sollte es nun so weit gekommen sein, dass Ihr Mann sich eine Katze wünscht … *merken Sie selber, ne?*

Hunde

Der Hund gilt nicht umsonst seit jeher als der beste Freund des Mannes. Das hat vor allem damit zu tun, dass Bello in vielerlei Hinsicht *seinen* Charakter widerspiegelt. Diese Seelenverwandtschaft kombiniert mit Fiffis treudoofem Blick schweißt die beiden unweigerlich zusammen. Ein Hund bildet einen wunderbaren Ausgleich zu den zwischenmenschlichen Härten und Händeln des Alltages. Er bietet eine emotionale Verlässlichkeit, die Ihr Mann anderswo häufig schmerzlich vermisst. Verhalten sich Freunde, Geschäftspartner, ja, selbst Sie dann und wann unfreundlich, berechnend oder gar kalt, ist der Hund ein treuer Partner, dessen grundsolides und treues Verhalten Ihr Mann stets zu schätzen weiß. Anders als Sie oder Ihre gemeinsamen Kinder hört der Hund Ihrem Mann *immer* aufmerksam zu, gibt keine Widerworte und blickt unentwegt bewundernd zu ihm auf – das gefällt ihm natürlich. Sein Hund wird ihm sogar zuhören, wenn er zum tausendsten Mal seine Anekdoten über die Bundesjugendspiele '62 oder die Geschichte mit den drei Serbokroaten auf der Lüdgendortmunder Pflaumenkirmes erzählt.

Ähnlich wie Herrchen ist der Hund mit einem unermüdlichen Spieltrieb ausgestattet, der es sowohl Hund als auch Herrchen ermöglicht, dasselbe dämliche »Ball weg, Ball wieder da«-Spielchen bis zur drohenden Selbstauflösung weiterzutreiben.

Ein, zwei Dinge gilt es natürlich auch hier zu beachten: In ihrem Streben nach Dominanz sind sich diese beiden Säugetiere sehr, sehr ähnlich. Das bedeutet unter anderem, dass keiner der beiden seine Kräfte richtig einzuschätzen bzw. zu dosieren weiß. So enden Kabbeleien gerne mal mit Fleischwunden, abgerissenen Fingern oder schmerzhaften Bisswunden am Penis. Ermuntern Sie Ihren Mann überdies, seiner Rolle als »Leitwolf« gerecht zu werden. Was damit gemeint ist, wird er spätestens dann spüren, wenn er durch Zähnefletschen und Knurren gehindert wird, auf seiner Couch neben Ihnen Platz zu nehmen.

Reptilien

Reptilien sind faszinierend – und furzlangweilig. In der Regel bewegt sich ein Durchschnittsleguan nämlich nicht mehr als ein Beamter auf dem Einwohnermeldeamt kurz vor Feierabend. Da hilft den Kaltblütern dann auch ihre zumeist schillernde Optik nix. Nicht weiter überraschend also, dass Ihr Mann sich an seinem Chamäleon schnell sattgesehen hat. Es zu entsorgen oder zurück in den Penny-Markt zu bringen, ist allerdings nicht ganz so leicht, da die Mistviecher sich dermaßen gut tarnen können, dass er sie kaum wieder zu fassen kriegt. Falls Sie übrigens Ihren Mann, den großen Schlangenliebhaber seit ein paar Tagen vermissen sollten – überlegen Sie doch einmal, warum der Python plötzlich so dick ist.

Abschließend muss man festhalten, dass Männer von Tieren fasziniert sind. Egal, ob Reptilien, Säugetiere oder Fische. Stets ist er geneigt, sich ihnen zu nähern, sie zu streicheln oder zu dominieren. Vielleicht will er sie auch nur schlicht ärgern. Über all dem steht aber stets der innige Wunsch, sich spielerisch mit dem Tier zu messen. Was mitunter schon mal so endet, dass er von seinem weißen Tiger eine gelangt bekommt oder sich von einem Stachelrochen einen Stich direkt ins Herz verpassen lässt. *(Was natürlich immer noch eine ansprechendere Todesart ist, als dass ihm bei einer anstrengenden Notdurftverrichtung eine Ader im Kopf platzt.)*
Welches Tier auch immer Sie nun Ihrem Mann gönnen, eines wird Sie vielleicht irritieren: die Liebe, die Ihr Mann plötzlich einem anderen Wesen schenkt. Aber das ist kein Problem, denn mit einem einfachen Trick wird es Ihnen gelingen, die Liebe Ihres Mannes wieder einzig und allein auf Sie zu fokussieren: Springen Sie Ihren Mann beherzt an, wenn er von der Arbeit kommt, lecken Sie ihm dabei einmal kurz über die Wange und simulieren Sie ein freudiges Schwanzwedeln mit Ihrer rechten Hand. Sie werden staunen, was dann passiert …

GEMEINSAMER SPORT

Eine Sache vorweg: Gemeinsamer Sport ist nicht unbedingt das, wofür Ihr Mann grundsätzlich ausgelegt ist. *(Sex mal nicht mitgezählt.)*

Es wird ihm zwar nichts ausmachen, mit Ihnen gemeinsam zu joggen, auf den Golfplatz oder zu einem Ultimate Women-Fighting Wochenende in Gelsenkirchen zu gehen – aber von alleine käme er nie auf die Idee, mit Ihnen Sport zu treiben. Nie! Aus diesem Grund müssen Sie ihn mit kleinen Tricks und liebevollen Manipulationen an den gemeinsamen Sport mit Ihnen heranführen. Besonders erfolgreich gelingt der Versuch, wenn Sie ihm suggerieren, dass er Ihnen überlegen ist. Keine Angst, er ist es nicht, aber Sie können es ihm gegenüber jederzeit behaupten.

Geben Sie Ihrem Mann dabei das Gefühl, von ihm lernen zu wollen, das spornt ihn an und bringt ihn automatisch dazu, mehr mit Ihnen zu reden als während eines komplett verregneten Wochenendes zu zweit in einem Zelt in der Uckermark. *(Wieso zur Hölle sind Sie da eigentlich hingefahren?)*

Glauben Sie mir, Ihr Mann liebt es, Ihnen etwas beibringen zu können, auch wenn er nicht begreift, wie wenig Sinn das macht. Vermutlich ist es das gute Gefühl, der nächstunteren Spezies beim Evolutionieren zu helfen.

TIPP **Ziehen Sie beim gemeinsamen Sport unbedingt diese Partner-Stramplerhosen aus. Für ihn müssen Sie sich nicht zum Affen machen!**

Konzentrieren Sie sich beim gemeinsamen Sport rein rhetorisch auf das Wesentliche, das umständliche Erklären überlassen Sie Ihrem Mann. Unternehmen Sie erst gar nicht den Versuch, ihm Grundkenntnisse der jeweiligen Sportart, die Sie mit Ihrem Mann betreiben wollen, vorzutäuschen. Ihr Mann wird Ihnen die Grundkenntnisse ohnehin nicht abkaufen. Er hat ja schließlich auch nicht vor, Ihnen die zwölf Gebote des Wohnungsumdekorierens runterzudeklinieren.

Sport ist *sein* Thema, da kennt er sich aus, da hat er Mitte der Achtziger wertvolle Pokale und Teilnahmeurkunden gesammelt, und er wartet förmlich darauf, es Ihnen beweisen zu dürfen.

Machen Sie ihm die Freude und fordern Sie ihn auf, Ihnen seine Sportkenntnisse zu vermitteln, auch wenn Sie eigentlich kein Interesse daran haben. Folgende rhetorischen Überredungsmodule haben sich dabei in der Praxis bewährt:

- Schatz, wie soll ich noch mal den Schläger halten?
- Schatz, warum hat mein Rennrad eine Schaltung?
- Schatz, werde ich auch einmal zehn Runden durch den Stadtpark laufen können, ohne zu schwitzen?
- Schatz, werde ich überhaupt mal *eine* Runde schaffen?
- Schatz, wie geht eigentlich Brustschwimmen?
- Schatz, kannst du wirklich mit einem Schlag einen stählernen T-Träger zerteilen?
- Schatz, wofür brauch ich eigentlich den blöden Helm?
- Schatz, kann es sein, dass ich blute?

TIPP **Stellen Sie sich wirklich doof, auch wenn es schwerfällt! Ihr Mann braucht das!**
Abgesehen davon: Er kann es ja auch, selbst wenn er es gar nicht will.

Bei der Auswahl der gemeinsamen Sportarten sollten Sie sorgfältig differenzieren. Es gibt einige Sportarten, bei denen Sie trotz Ihrer hohen geistigen Überlegenheit keinerlei Chancen haben, das sportliche Erlebnis mit Ihrem Mann wirklich gemeinsam genießen zu können. Dazu gehören:

- Schwergewichtsboxen,
- Fußball ab Zweitliganiveau … na ja, okay: Kreisliganiveau,
- Kontaktkarate,
- Sumoringen (ab 120 Kilo),
- Profiwrestling,
- Bodybuilding und
- Basketball – es sei denn, Sie sind auch über zwei Meter groß.

Natürlich gibt es auch Sportarten, die aus der Sicht Ihres Mannes keinen Sinn machen, ja, sogar geradezu Ekel hervorrufen und das gemeinsame Erleben schnell zu einem Albtraum werden lassen. Dazu gehören:
- Stufenbarrenturnen,
- Pilates (netter Typ, sieht meine Omma so gerne im ZDF),
- Step Aerobic,
- Dressurreiten *(Pferd? Gerne – als Sauerbraten)*,
- rhythmische Sportgymnastik,
- Wasserballett,
- Schwebebalkenturnen,
- Seiltanz,
- Ballett (ist so, auch wenn es einige Ausnahmen gibt!),
- Frauenfußball (in jeder Klasse)

TIPP Sollten Sie sich für das gemeinsame Laufen entscheiden, dann hängen Sie ihm einen Baumstamm oder ähnlich Schweres mit einem attraktiven Gürtel um den Bauch. Ihr Mann wird die kleine Zusatzbelastung kaum spüren, wird aber dadurch gezwungen, sich Ihrem Lauftempo anzupassen. Allerdings ohne sich schlecht zu fühlen, da die Zusatzbelastung ihn konsequent an seine (körperliche) Überlegenheit erinnert.

Ein »Tag im Grünen« – nach seinem Geschmack

Nehmen Sie ihm den Baumstamm unbedingt wieder ab, ⚠ wenn Sie das Haus betreten – von alleine würde er nicht darauf kommen.

Gut, spätestens, wenn er die Vitrine und die Fernsehschrank-kombination leer geräumt hat, wird er es merken. Aber das gewaltige Holz, das Sie ihm in Schrittnähe gepflanzt haben, gefällt ihm zu gut.

In letzter Zeit taucht immer wieder ein weiteres Phänomen auf, das ich an dieser Stelle kurz behandeln möchte. *(Aaaah ... So, das Überbein ist weggedrückt ... Wo war ich? Ah ja: das andere Phänomen!)*
Verschiedene Frauen versuchen über den gemeinsamen Sport die Beziehung zu ihrem Mann wieder aufzupeppen bzw. neu zu beleben! Das ist in etwa so eine gute Idee, wie einen tollwütigen Mastino zum Familienhund zu machen. Spätestens wenn Ihr Mann Ihnen zeigt, dass man einen Ball pfeilgenau und über eine Distanz von mehr als hundert Metern in die rechte Ecke eines Tores versenken kann, werden Sie das Gefühl einer Niederlage verspüren. Denn das können Sie nicht! Was nicht schlimm ist, denn Frauen, die solche Schüsse können, haben meistens keinen Mann. Sie schon! Und das ist Grund zur Freude.

> **TIPP** Falls Sie beim gemeinsamen Sport das Gefühl bekommen, unterlegen zu sein oder sich einem zu großen Konkurrenzdenken aussetzen zu müssen, rate ich Ihnen die Sportart zu wechseln – oder den Mann!
> Entscheiden Sie selber, was Ihnen leichter fällt!

GEMEINSAMER URLAUB

Gleich vorweg: Obacht! Beim gemeinsamen Urlaub mit Ihrem Mann drohen mehr Reibungsflächen und Krisen als im gesamten Libanon oder bei einer Diskussion mit Ihrer besten Freundin über Ihren Mann.

Urlaub ist für Partner die »Busfahrt durch den emotionalen Gaza-Streifen« – auch wenn es hart klingt: meistens kommt nur einer durch.

Davon abgesehen: Bustouren können Sie sich gleich sparen. Kein Paar ist in der Lage, sich nach einer 22-stündigen Dekubitus-Fahrt nach Paris *nicht* gegenseitig die Haut abziehen zu wollen.

Grundsätzlich gilt: wo Sie hin wollen, wird Ihr Mann Ihnen folgen. Das ist sein Auftrag. Er muss keine Ziele finden, er muss nur dafür sorgen, dass Sie Ihre Ziele erreichen. Machen Sie sich das bei der Planung Ihres Urlaubs zunutze.

Aber: Sorgen Sie bei der Auswahl Ihrer Reiseziele unbedingt dafür, dass Ihr Mann ein ausreichendes Angebot an Spiel- und

Dubai –
auch schön

93

Unterhaltungsangeboten vorfindet. Wohin auch immer Sie verreisen wollen – zur See, in die Berge, in eine Großstadt –, vergessen Sie niemals die Grundbedürfnisse Ihres Mannes: Er braucht Auslauf, frische Luft, einen passablen Fernsehanschluss und einen freien Zugang zu Orten, an denen sich andere Männer treffen. Vergessen Sie nicht, dass Ihr Mann von seiner Grundprogrammierung her ein Herdentier ist, das sich im ständigen Messen mit anderen Alpharüden beweisen muss. Gönnen Sie ihm einen Abend, an dem er sich mit seinen Geschlechtsgenossen beim munteren Biertrinken oder ähnlich banalen Wettbewerben beweisen kann. Schimpfen Sie nicht, wenn er dann zu spät, völlig schlapp, mit einer 12 Zentimeter langen Risswunde im Kopf und Kronkorkenabdrücken im Gesicht, ja, möglicherweise auch unvollständig bekleidet ins Hotel kommt – das ist völlig normal. Oder würden Sie Ihren Hund verhauen, nur weil er an einen Baum gepinkelt hat. *Ach, machen Sie? Oha …*

> **TIPP** **Planen Sie für Ihren Mann während einer dreiwöchigen Reise zwei bis drei Abende zur freien Verfügung ein. Glauben Sie mir, danach werden Sie mit ihm nicht nur ausgedehnte Shoppingtouren durch die malerische Altstadt Ihrer Wahl (Cottbus?) machen können, ohne dass er protestiert, Sie werden auch noch Museumstouren, langweilige Burgbesichtigungen oder stundenlanges Testen von nativen Olivenölen mit ihm durchführen können. Sein Dankbarkeitsmodul lässt Ihrem Mann gar keine andere Wahl!**

Im Hotel

Wenn Ihr Mann morgens aufwacht, ist sein erster Instinkt, so schnell wie möglich zum opulenten Frühstücksbüfett zu kommen *(rülpsen und den Unterleib kratzen mal ausgenommen),* und zwar aus Angst davor, dass andere Männer den gebratenen Speck wegfuttern und für ihn nur noch eine Armada von Marmeladensorten übrigbleibt. Dabei ist ihm egal, wie er aussieht. In der Grundausstattung wird Ihr Mann nur dafür sorgen, dass ein Hauch von Wasser die Spuren der Nacht aus seinem Gesicht zaubert. Falls Ihr Mann kein Profifußballer *(Achtung: Dieses Sondermodell ist extrem teuer und schwer zu pflegen!)* ist, wird er also maximal zwanzig Sekunden im Hotelbadezimmer verbringen, wovon Sie 17 Sekunden fürs Pinkeln abziehen können, um auf dem Weg zum Büfett keine wertvolle Zeit zu verlieren.

Hier müssen Sie ihn stoppen – sagen Sie ihm einmal klipp und klar, dass Sie es wünschen mit ihm gemeinsam zum Büfett zu gehen. Er wird es nicht verstehen, sich aber trotzdem an Ihre Anweisung halten.

> **TIPP** **Da Sie völlig zu Recht auch im Urlaub morgens mindestens eine Stunde im Bad verbringen wollen, empfiehlt es sich während dieser Zeit den Fernseher für ihn einzuschalten. Alles andere, wie Bücher reichen etc., macht morgens (meistens auch abends!) überhaupt keinen Sinn! Ihr Mann muss sich nur beschäftigt fühlen. Davon abgesehen können ein paar Folgen »Sponge Bob« oder »Kim Possible« ja auch sehr lehrreich sein.**

Das gemeinsame Frühstück gehört nicht unbedingt zu den Highlights eines gemeinsamen Urlaubs im Hotel. Von Natur aus wird Ihr Mann nicht mit Ihnen sprechen wollen, sondern darauf bedacht sein, so viel wie möglich auf seinen Teller zu schaufeln. Zumal er auch sehr müde ist, da Sie ihn ja um 5.45 Uhr zum Liegenbelege-Patrouillengang am Pool geschickt haben. Genau wie um 6.15 Uhr, 7.00 Uhr, 8.30 Uhr und 9.00 Uhr.

TIPP Falls Sie unbedingt mit ihm reden wollen, dann fragen Sie ihn, was er gerade im Fernsehen gesehen hat oder was er gerne sehen würde. Fragen Sie ihn aber auf keinen Fall, wie er die blonde, schlanke Frau, die in seiner Sichtweite sitzt, findet. Er wird Ihnen ohnehin nicht die Wahrheit sagen.

In allen weiteren Hotelsituationen wird sich Ihr Mann exakt so verhalten, wie er es von zu Hause gewohnt ist. Denn zu Hause ist für ihn da, wo Sie sind. Aus diesem Grunde werden Sie im Hotel auch die gleichen »unangenehmen« Begleiterscheinungen vorfinden, die Sie auch in Ihrem Zuhause an Ihrem Mann bemerken. Zwingen Sie ihn auch im Hotel, die Dinge wegzuräumen, und erklären Sie ihm mit klaren und unmissverständlichen Anweisungen, dass Sie auch im Urlaub nicht bereit sind, die Kleiderberge neben seinem Bett wegzuräumen. Ja, auch wenn er rücksichtsvollerweise nur versucht, mit den Kleiderbergen die Essensresteberge vor Ihren Blicken zu schützen.

TIPP Falls Ihr Mann nicht so reagiert, wie Sie es wünschen, dann streichen Sie seinen »freien« Abend.

Im Zelt
Da Ihr Mann in dieser Urlaubssituation kein Frühstücksbüfett vorfindet, wird er automatisch morgens liegen bleiben, egal wie heiß es draußen ist. Für ihn gibt es keinen Impuls aufzustehen. Diesen Impuls müssen Sie setzen.
Es ist sein Job, Kaffee, Brötchen, Tageszeitungen, Aufblasplantschdinosaurier in Originalgröße und Sonnencreme, die Sie vergessen haben einzupacken, zu besorgen! Geben Sie bereits am Vorabend etwas Geld (nicht zu viel!), und schreiben Sie ihm einen kleinen Zettel mit Ihren Sonderwünschen, dann

können Sie liegen bleiben, ohne ihn an seine Pflichten erinnern zu müssen.

Sorgen Sie während der Nacht unbedingt dafür, dass Ihr Mann keinen tiefen Schlaf findet, denn wer soll Sie sonst vor den vielen bösen Geräuschen beschützen und die Mücken in Ihrem Zelt erlegen?

Bitte beachten Sie, auch wenn für Sie der Zelturlaub ein gewisses Abenteuer ist, für Ihren Mann stellt diese Form des gemeinsamen Urlaubes nichts Besonderes dar. Die primitiven Grundvoraussetzungen entsprechen seiner Programmierung. Einzig und allein der meist fehlende Fernsehanschluss in den Zelten wird ihn davon abhalten, für immer im Zelt bleiben zu wollen.

Im Reisemobil

Diese wunderbare Möglichkeit einen gemeinsamen Urlaub mit Ihrem Mann zu verbringen, stellt die ideale Schnittmenge aus einem Besuch in einem Hotel und einem Zeltaufenthalt dar. Im Grunde gibt es hier neben den üblichen Problem- und Konfliktfeldern (Hygiene, Hygiene, Hygiene!) nur eine Sache, die Sie sich unbedingt merken sollten. Geben Sie ihm niemals, wirklich niemals, das Gefühl nur ein Beifahrer zu sein. Lassen Sie ihn das monströse Reisemobil fahren. Immer! In den engen Altstadtgassen einer toskanischen Metropole werden Sie es zu schätzen wissen, dass er die Beulen in der teuren Karosserie verursacht.

TIPP Bei Unfällen mit Reisemobilen wird Ihr Mann Sie dafür verantwortlich machen. Weil Sie z. B. mit Ihrem Schminkspiegel seine Sicht versperrt haben. Bestätigen Sie diesen völlig idiotischen Vorwurf mit einem lapidaren Kopfnicken. Es ist Ihr Urlaub, den Sie sich nicht mit unnötigen Diskussionen versauen sollten.

Ach ja, und entfernen Sie doch beizeiten bitte den toskanischen Rentner aus dem Radkasten, ja?

Im Boot

Ganz ehrlich, das wollen Sie sich nicht antun. Männer und Boote sind ein schwieriges Thema. Fragen Sie mal die Crew vom Seewolf.

Es gilt die einfache Formel: je länger das Boot, desto weniger Frau. Die Frau, die Ihr Mann auf einem Schiff seiner Wahl als Begleitung wünscht und sucht, entspricht an keiner Stelle Ihrer Persönlichkeit. Es sei denn, das Modell »Flavio« entspricht wiederum genau *Ihrem* Beuteschema.

 Männer auf Booten sind oftmals ausgewilderte Männer, deren Haltbarkeitsdatum und Gewährleistungsfrist längst abgelaufen ist.

Für alle Urlaubsformen gilt, geben Sie Ihrem Mann nicht das Gefühl, dass sich durch das Verreisen etwas Grundsätzliches geändert hat. Ein Urlaub muss für ihn keine Erholung sein, im Gegenteil, auch während der schönsten Wochen des Jahres muss er seine Pflichten und Aufgaben erledigen. Er wird nicht nach Gründen fragen, denn für ihn ist das Tragen von Koffern, das Erbeuten von Sonnenliegen und der Kampf um das beste Zimmer und Ähnliches Teil seines Routineprogramms.

 Achten Sie bei der Auswahl Ihres Reisezielortes unbedingt darauf, dass er sich nicht zu nahe an Ihrem Heimatort befindet. Immer wieder kommt es vor, dass Männer den Versuch unternehmen, nach Hause zu gehen. Eine ausreichende Entfernung verhindert das Problem ohne großen Aufwand.

Andererseits: Länder, die zu weit von Ihrem Heimatort entfernt sind, können ebenfalls zum Problem werden. Zu häufig ist es vorgekommen, dass Männer sich mit einem lapidaren »Ich geh' mal ein bisschen die Gegend erkunden« aus der Clubanlage entfernt haben und das nächste Mal als Todgeweihte bei YouTube wieder aufgetaucht sind.

NUTZUNG IM HAUSHALT

Eines der heikelsten Kapitel, keine Frage. Der Haushalt gehört – neben ca. 2375 anderen – zu den größten Konfliktherden im Zusammenleben mit Ihrem Mann. Nicht ohne Grund nennt man den »gemeinsamen« Haushalt auch das Tal des Todes mit Tapete und Außenschelle. Aber, das muss nicht sein!

Lassen Sie mich ein wenig ausholen. Für Ihren Mann stellt der Haushalt nichts anderes dar als einen Ort, an dem er essen, trinken, schlafen und das andere kann. Das »Andere«, das werden Sie kennen. Schließlich ziehen sich unangenehme Erinnerungen daran tagtäglich schlierenartig durch Hirn und Keramik.

Mehr nicht. Für ihn gibt es zum Haushalt keinerlei emotionale Bindung. Ihr Mann folgt dem Motto – Funktion vor Form! Aus diesem banalen Grunde wird Ihr Mann erst dann am Haushalt etwas ändern, wenn seine Grundbedürfnisse gefährdet und unzumutbar eingeschränkt sind. Das heißt, wenn der Kühlschrank unerreichbar ist, die Sicht zum Fernseher versperrt, Klopapier, Taschentücher *und* Altpapier alle sind oder der Bierkasten unter alten Unterhosen (seinen!) verborgen ist.

Trotz dieser Grundeinstellung gibt es selbstverständlich keinen Grund, Ihren Mann von seinen häuslichen Pflichten zu befreien. Es kommt nur darauf an, wie Sie ihn an die entsprechenden Arbeiten heranführen.

Staubsaugen

Eine Beschäftigung, die ihm nach einer kurzen Einführung schnell Freude bereiten wird. *(Bitte nehmen Sie den Begriff »Einführung« nicht so wörtlich wie einige bedauerliche Notaufnahmepatienten, die ihre autoerotische Experimentierfreude mit zerfranstem Glied bezahlen mussten.)* Dabei gilt, je lauter der

Staubsauger ist und je mehr unnötige Features das Gerät besitzt, desto größer wird sein Wunsch sein, das »große Monster« zu bezwingen.

Dass er sich den Staubsaugerbeiwagen auf den Rücken schnallt und »Ghostbusters« singend mit dem Rohr hin und her wedelt – geschenkt.

> **TIPP** **Manchmal hilft es, wenn Sie so tun, als hätten Sie Angst vor elektrischen Geräten – das weckt automatisch sein Beschützermodul. Falls Sie nicht schauspielern wollen, müssen Sie den Umweg über zum Teil langwierige Erklärungsstrecken gehen.**

Fensterputzen

Ganz ehrlich: Was Sie nicht können, kann er erst recht nicht. Augen zu, dann sieht man es nicht. Was heißt »Augen zu« … in ein paar Tagen fällt ja eh kein Licht mehr in die Bude!

Kochen

Sie lieben Salz, viereckige Kartoffeln und Ketchup auf allem, was nach Essen aussieht? Okay, dann lassen Sie *ihn* kochen. Zugegeben. Das war billige Polemik. Hartgekochte Eier und Spaghetti mit Butter stehen natürlich ebenfalls auf dem Speiseplan.

Wäsche waschen

Bevor Ihr Mann den Sinn des Wäschewaschens versteht, sollten Sie mit ihm unbedingt mal wieder über die Hygiene reden! Erklären Sie ihm, dass Ihre Nase im Unterschied zu seiner auch unangenehme Duftstoffe kennt. Und machen Sie ihm dann z. B. auch noch klar, dass weiße Hemden weiß bleiben, wenn man sie gelegentlich wäscht.

Dass ein gestärktes Hemd eine ähnliche Festigkeit aufweist

wie seine mehrfach getragene Unterhose im Endstadium und doch beides nicht dasselbe ist – er wird es nicht begreifen.

> **TIPP** **Falls Sie an Ihren sündhaft teuren Designer-schlüppchen hängen und keine Lust auf Wäscheverfärbungen aller Art haben, dann waschen Sie lieber alles selber oder nehmen Sie sich vier bis acht Wochen Zeit, um mit ihm jeden einzelnen Schritt des Waschens zu besprechen!**

Bügeln

Sie lieben Falten, einen schiefen Kragen und lustige Brandflecken? Okay, dann lassen Sie ihn bügeln.

Böden wischen

Das kann er wie kein anderer. Versuchen Sie lediglich die Menge im Wassereimer zu reduzieren, denn Ihr Mann kennt nur ein Maß – voll! Und damit meine ich voll, und was Ihr Mann voll macht, das lässt er auch raus. Wie sich zehn Liter Flüssigreiniger auf fünf Quadratmeter Flur verteilen, muss ich Ihnen nicht erklären, oder?

Gut, sicher. Wenn Sie ohnehin gerade zehn Rinder in der Wohnung geschlachtet haben oder zufälligerweise eine Serienkillerin mit viel Heimarbeit sind – na, wunderbar! Dann ist Ihr Mann *ihr Mann*!

> **TIPP** **Wenn Sie Ihrem Mann kleine Bürsten unter seine Füße binden und ihn ansonsten gänzlich von seiner Ankleidungspflicht befreien, kann die Flurreinigung auch für Sie mehr sein als eine reine Hygienemaßnahme. Ein bisschen Spaß sollen Sie schließlich auch dabei haben, wenn er die Wohnung für Sie reinigt.**

Einfachste Serviceaufgaben

Beispielsweise das geduldige, stundenlange Warten auf den Paketboten, der Ihnen die jüngsten Homeshoppingprodukte bringen möchte, während Sie mit Ihrer Freundin zur Massage oder ähnlich sinnvollen Unternehmungen unterwegs sind, oder die Beaufsichtigung der Klempnerarbeiten, die keinerlei geistige Voraussetzung benötigt, die Kontrolle der Wasseruhr, des Stromzählers oder auch nur die konsequente Beobachtung des Rasensprengers sind ideale Betätigungsfelder für Ihren Mann.

> **TIPP** **Immer wieder kann man feststellen, dass Männer einfachste Aufgaben, die sie scheinbar mühelos und ohne jeden geistigen Aufwand beherrschen, von einem Tag auf den anderen plötzlich verlernt haben. Dem ist nicht so. Ein kleines Abwehr-Gen zwingt ihn dazu, diese »Gebrauchs-Demenz« zu entwickeln. Ihr Mann verlernt nichts, er muss nur immer wieder daran erinnert werden, dass diese Taktik zu nichts führt und jede Gegenwehr bei seiner häuslichen Arbeit völlig sinnlos ist.**

Es gibt Frauen, die ihren Mann nicht nur täglich bei der Arbeit im Haushalt einsetzen, sondern ihn auch noch entsprechend einkleiden. Ich persönlich kann Ihnen nur dringend raten, dies nicht zu tun. Männer mit Kittel oder umgebundener Schürze sehen nicht nur unfassbar lächerlich aus, sie stellen auch eine Gefahr für alle Mitbewohner dar – immer öfter hört man von Unfällen im Haushalt, bei denen sich die Kittelschürze eines Mannes im Saugrohr des Staubsaugers verwirbelt hat und auch andere, wertvolle Zubehörteile für immer vernichtet wurden. *(Zumindest ist das eine häufige Erklärung, die sich die Ärzte in der Notaufnahme anhören müssen.)* Das wollen Sie nicht, wetten?

TIPP Nur für den seltenen Fall, dass Ihr Mann überraschend Besuch von einem anderen Mann bekommt, entbinden Sie ihn für ein paar Minuten von seinen häuslichen Pflichten. Er wird es Ihnen danken, spätestens am Abend, wenn Sie ihm zeigen, was Sie auch noch unter Nutzung im Haushalt verstehen.

(Sie verstehen schon, knick knack, zwinker zwinker ...)

NUTZUNG IM GARTEN

Würden Sie einem Löwen gestatten, sich Ihre Meerschweinchenzucht mal unverbindlich anzuschauen?

Würden Sie Ihrer besten Freundin gestatten, mit Ihrem Mann den Ganzjahresurlaub auf den Malediven zu verbringen?

Würden Sie Ihrer Mutter erlauben, Ihre komplette Sommerwäsche von nun an immer für Sie zu kaufen?

Wären Sie bereit, einem Dutzend randalierender Skinheads zu erklären, wie schön ein Ehrenamt als Beauftragter der Gleichstellungsstelle sein kann?

Hätten Sie nichts dagegen, in einem bei eBay ersteigerten Schlauchboot im Wert von € 5,95 (zzgl. Versandkosten) den Atlantik zu überqueren?

Halten Sie eine Horde Paviane für geeignet, Ihre Steuerangelegenheiten zu verwalten?

Ist Teheran ein guter Ort, um einen Strip-Club zu eröffnen?

Wenn Sie *alle* diese Fragen mit *Ja* beantwortet haben, dann sollten Sie Ihrem Mann den Auftrag geben, Ihren Garten zu pflegen.

Falls Sie aber eine oder mehrere Fragen mit *Nein* beantwortet haben, dann gibt es für Ihren Mann nur folgende Aufgabengebiete im Garten:

- Rasenmähen (aber bitte darauf hinweisen, dass Rosensträucher kein Unkraut sind),
- Unkraut jäten (Bitte weisen Sie ihn auch darauf hin, dass trotz der Namensähnlichkeit Stiefmütterchen keine »Schwiegermütterchen« sind und stoppen Sie die Vehemenz seines Einsatzes),
- Mulchsäcke schleppen (Menge und Gewicht spielen keine Rolle),
- Sandsäcke schleppen (Menge und Gewicht spielen keine Rolle),
- Bio-Kompost schleppen (Menge und Gewicht, genau, spielen keine Rolle),
- Gartenteich ausheben und befüllen,
- versickerten Gartenteich mit Plane auslegen und erneut befüllen,
- Äpfel aufsammeln,
- Birnen aufsammeln,
- Pflaumen aufsammeln (Achtung: Unbedingt vor Wespen warnen!),
- Wespennest kaputthauen,
- Stichwunden aller Nachbarn im Umkreis versorgen,
- Maulwurfshügel abbauen (Bitte keine Hilfsmittel wie Dynamit o. Ä. bereitstellen!),
- Elstern verscheuchen, ohne dabei Lärm zu machen,
- Elster fangen, die Ihre Armbanduhr davonträgt,
- die Hecke mit der Sense stutzen (Bitte den neugierigen Nachbarn auf die hohe Wahrscheinlichkeit des spontanen Ablebens hinweisen),
- Baum fällen,
- Hausfassade des Nachbarn wieder hochziehen und neu klinkern.

Sondereinsatzmöglichkeiten im Garten

- Getränke bringen, wenn Sie auf einer Liege liegen,
- Nahrung bringen, wenn Sie auf einer Liege liegen,
- beides bringen, wenn Sie und Ihr Besuch auf verschiedenen Liegen liegen, und Ihnen und Ihrer Freundin auf Liegen liegen grundsätzlich liegt,
- Schatten spenden, egal wie (!),
- das Schwimmbecken mit dem Mund aufblasen und füllen *(ohne Mund, klar)*,
- Ihr Gestöhne kommentarlos ertragen, wenn der Sommer mal wieder viel zu heiß ist,
- die Schuld auf sich nehmen, dass dieser Sommer mal wieder viel zu heiß ist,
- Partyfackeln anzünden und bewachen,
- Partyfackeln vor dem Anzünden aufstellen,
- Partyfackeln umstellen, weil Ihnen seine Aufstellung nicht gefallen hat,
- Partyfackelersatz besorgen, wenn es in Strömen gießt,
- Blumen gießen *(Achtung: bei Dauerregen unbedingt darauf hinweisen, dass dieser Job nicht nötig ist!)*,
- Ball der Nachbarskinder wieder zurück über den Zaun werfen,
- Ball der Nachbarskinder wieder zurück über den Zaun werfen,
- Ball der Nachbarskinder wieder zurück über den Zaun werfen,
- Ball der Nachbarskinder wieder zurück über den Zaun werfen,
- Ball der Nachbarskinder wieder zurück über den Zaun werfen,
- Grill aufstellen,
- Grill anzünden (Achtung: nur die Holzkohle, nicht den ganzen Grill!),

- Grillgut anzünden,
- Grillgut bewachen,
- Ball der Nachbarskinder wieder zurück über den Zaun werfen,
- Grillgut drehen und wenden,
- Grillgut verteilen,
- Ball der Nachbarskinder wieder zurück über den Zaun werfen,
- Ball der Nachbarskinder zerstechen,
- Nachbarskinder wieder zurück über den Zaun werfen,
- Nachbarn mit Ohrlaschentsunami in die Schranken weisen,
- erneut das Grillgut verteilen,
- mit Spiritus die Glut steigern,
- die Flammen auf Kopf und Körper ausschlagen,
- mit dem Nachbarn bei Bier und Kotelett die neu entflammte gute Nachbarschaft begießen.

TIPP **Immer wieder kommt es bei Männern zu einem Phänomen, das extrem störend ist und leider nicht zu beseitigen. Immer dann, wenn Männer plötzlich anfangen freiwillig im Garten arbeiten zu wollen. Ein kleiner Blick über den Zaun auf das linke Nachbarsgrundstück, auf dem oftmals Ihre unmittelbare Konkurrentin ihr Sonnenbad nimmt, erklärt das Verhalten. Sorgen Sie daher unbedingt für einen entsprechenden Sichtschutzzaun!**

SEX

Neben den körperlichen Arbeiten, die Ihr Mann gerne und leidenschaftlich für Sie verrichten möchte und wird, ist der Sex mit ihm eine der schönsten Verwendungsmöglichkeiten. Das gilt nicht nur für Sie, sondern auch für ihn. Sex kann *beiden* Spaß machen, auch wenn es oftmals nicht so zu sein scheint. Für die individuelle Nutzung stehen Ihnen mannigfaltige Möglichkeiten zur Verfügung, von denen Ihr Mann nur wenige kennt. Das ist normal. Ein Auto würde auch niemals freiwillig eine Kurve fahren, es sei denn, Sie bedienen das Lenkrad. Auch Ihr Mann kann die Richtung ändern, wenn Sie es wollen und wenn Sie wissen, wie es geht. Ehrlich!

Bitte nehmen Sie sich Zeit für die folgenden Zeilen, denn so schön der Sex mit Ihrem Mann sein wird (kann!), es steckt gleichzeitig ein gehöriges Konfliktpotenzial in diesem Thema. Leider muss ich Ihnen an dieser Stelle sagen: Ihr Mann ist in jedem Fall unschuldig, wenn es Streitereien in diesem Bereich gibt. Denn oft liegt es nur daran, dass Ihr Mann falsch und nicht sachgerecht eingesetzt wird. Aber das wird sich ja nun ändern, weil Sie diese Zeilen sorgfältig lesen wollen. In Ihrem (und seinem) Sinne!

TIPP **Verzichten Sie gleich beim ersten sexuellen Kontakt mit Ihrem Mann auf das klassische Stellungsspiel.** *(Damit meine ich natürlich die Missionarsstellung und nicht den »rückwärts eingesprungenen Liebeskranich«! Herrgott, was sind Sie denn für eine?!)* **Zeigen Sie ihm stattdessen sofort das Besondere, denn damit aktivieren Sie sein Lernmodul, statt es mit Standardübungen zu programmieren. Er wird Sie vom ersten Moment an als einen erfahrenen Partner akzeptieren, von dem er noch viel lernen kann. Routinemäßiges Stellungsspiel hingegen wird ihm das Gefühl vermitteln, der Überlegene zu sein, was leider nicht mehr rückprogrammierbar ist.**

Im Unterschied zu Ihnen ist Sexualität für Ihren Mann nur in den allermeisten Fällen das Ergebnis reinen Instinktverhaltens. Wenn er *von sich aus* den Wunsch nach Sexualität äußert, dürfen Sie in keinem Fall von einem bewussten Entscheidungsprozess ausgehen. Mit anderen Worten: Er macht sich keinen Kopf. Wozu auch, es läuft ja alles automatisch. Und meistens direkt zwischen die Beine.

Dieser »geäußerte« Wunsch kann übrigens lediglich bedeuten, dass er sich im Bett sanft grunzend an Sie heranrobbt oder Ihnen beim Hinterherdackeln durch das Haus stolz »Hui Buh, das Schoß-Gespenst« zwischen seinen Beinen präsentiert. Auch kurze, spontane Griffe an primäre, sekundäre, ja, tertiäre Geschlechtsorgane sind durchaus nicht ungewöhnlich. Kurz: Alles ziemlich non-verbal, das Ganze.

Geben Sie ihm beim Akt das Gefühl, dass alles exakt nach seinem Willen läuft – auch und gerade wenn dies nicht der Fall ist. Schenken Sie ihm den Glauben, dass er gut ist, das erspart Ihnen lästige Ausreden und macht ihn glücklich.

> **TIPP** Sprechen Sie während der ersten Sekunden des Beischlafes nicht, oder nur das Nötigste. Aufgrund einer nahezu vollständigen Modusänderung im Gehirn Ihres Mannes kommen Sätze, die über einen klassischen Imperativ wie »Ja, komm!«, »Jetzt!«, »Weiter!« etc. hinausgehen, nicht an. Ist so, auch wenn Sie ihm eine böse Absicht unterstellen. Ihr Mann kann Ihnen jetzt einfach nicht zuhören. Sollten Sie allerdings feststellen, dass bei Ihnen gerade innere Blutungen, die Wehen oder sonst was einsetzen oder die Hütte brennt – ruhig trotzdem mal versuchen, das anzusprechen.

Betrachten Sie den ersten Akt als ein lästiges Präludium, ein Vorspiel ohne jede Bedeutung, denn erst danach wird Ihr

Mann die geistige und körperliche Kraft finden, um zu einem für *beide* Seiten befriedigenden, sexuellen Erlebnis zu kommen.

Zeigen Sie ihm jetzt all das, was Ihnen wichtig ist, führen Sie ihn behutsam zu den Zonen Ihres Körpers, die Ihnen Lust- und Reizzugewinn versprechen. Glauben Sie mir, es wird ihm eine Freude sein mit Ihnen gemeinsam auf eine Entdeckungsreise zu gehen. Vieles von dem, was Sie ihm zeigen werden, ist ihm völlig fremd. Und Sie wissen, alles was ihm fremd ist, reizt seinen Abenteuertrieb.

Natürlich werden Sie nicht immer die Lust haben, mit Ihrem Mann den gemeinschaftlichen Akt als die Sensation des Tages zu begehen. Das ist völlig normal. *Für Sie!* Für ihn leider nicht! Aus diesem Grunde hat Ihr Mann (serienmäßig) einen sexuellen Auto-Modus eingebaut. Er kann sich, ohne Ihr aktives Zutun, »Erleichterung« verschaffen, indem er sich vorspielt, nicht alleine zu sein. Bitte betrachten Sie diese Fähigkeit als völlig normal – er tut es schließlich auch.

TIPP **Sollten Sie Ihrem Mann dabei zusehen wollen, empfehle ich Ihnen, dies entweder diskret zu tun, denn vielen Männern ist es unangenehm, dabei beobachtet zu werden, oder sprechen Sie ganz offensiv darüber. Auch hier gilt: Loben Sie ihn, machen Sie ihm Mut und »beneiden« Sie ihn darum, wie schnell er mit alldem fertig ist.**

Manche Männer benötigen auch im Auto-Modus Stimulanzien verschiedenster Art. Hier gilt die Faustregel, je älter Ihr Mann ist, desto mehr benötigt er davon. In jungen Jahren reicht Ihrem Mann ein flüchtiger Gedanke, in späteren greift er zu umfangreichen Bildersammlungen. Sollten Sie ihn dabei »erwischen«, seien Sie versichert, für ihn ist der Anblick fremder, nackter Frauen ein reiner Katalysator. Er liebt diese

Frauen nicht und er will sie auch nicht heiraten. Ihr Mann liebt nur Sie, wenn Sie alles richtig gemacht haben. Ich meine, wenn Sie ihn richtig bedient haben, jetzt mal nicht in sexueller Hinsicht, sondern ganz allgemein. Sie wissen, was ich meine, das ist gut!

Hin und wieder kann es vorkommen, dass die Performance Ihres Mannes zu wünschen übriglässt. Das ist normal. Bitte suchen Sie nicht gleich beim ersten Mal eine Fachwerkstatt (Urologe, Apotheke, beste Freundin!) auf, das macht keinen Sinn und ist völlig unnötig. Ebenfalls ist es nicht ratsam, das »Problem« direkt anzusprechen, denn dadurch wird dieser kleine Durchhänger ja erst zu einem ebensolchen. Auch ein aufbauend gemeinter Satz wie »Das kann doch jedem mal passieren« geht garantiert nach hinten los. Mit dieser Floskel starten nämlich sämtliche Spots für Anti-Impotenzia; außerdem etliche Daily Soaps, in denen einem bedauernswerten Charakter ganz unglücklich der Hoden in eine Hydraulikpresse geraten ist, woraufhin dieser erheblich an Manneskraft verloren hat und zu verbotener Liebe kaum noch fähig ist. Also: Nix sagen! Das sorgt nur für eine Situation, die dem Mann eigentlich äußerst fremd ist: Er schaltet seinen Kopf ein und beginnt, zu viel zu denken.

Ach ja: Auslachen ist auch nicht sehr vorteilhaft – aber das haben Sie sich möglicherweise schon gedacht.

Manchmal sind es kleine Irritationen im Tagesablauf Ihres Mannes, die seine Performance negativ beeinflussen können, dazu gehören folgende:

- ausgedehnte Feier am Vorabend,
- ausgedehnte Feier am *Vormittag*,
- die Niederlage seiner Lieblingsmannschaft,
- Fieber über 40 Grad,
- Fieber über 50 Grad,

- der Verlust seines Autos,
- der Verlust seines Führerscheines,
- Mumps,
- einschneidende Erlebnisse in einer öffentlichen Männerdusche,
- Reißverschlussunfälle,
- Diskussionen mit Fans einer anderen Mannschaft,
- versehentliches Anklicken von Nacktbildern von Heidi Klum, Marie Luise Marian oder Bernd Stelter,
- Waschbärbiss im Genitalbereich,
- versehentliches Gucken von »Brokeback Mountain«.

Ich möchte Ihnen nun keine weiteren Tipps zum Thema Sex geben, nicht etwa, weil ich keine mehr wüsste, sondern weil es nicht nötig ist. Ihr Mann ist zu allem bereit, außer zum Sex auf heißen Herdplatten, auf die er sich mit seinem nackten Hintern setzen soll.

Notstand kann ihn zu einem sehr wunderlichen Menschen machen

Gönnen Sie ihm lediglich hin und wieder kleine Pausen und geben Sie Ihrem Sex die Leichtigkeit, die er verdient. Denn es ist Ihr Sex und Sie haben das verdammte Recht, den besten Sex der Welt zu bekommen. Ihr Mann kann das! Bedienen Sie ihn richtig und Sie werden ein Leben lang *(nun ja, fast!)* Freude am gemeinsamen Sex mit ihm haben!

SOZIALES LEBEN

Im Unterschied zu einem Flammenwerfer, Getränkeflaschen mit mehr als 250 Milliliter Inhalt, Sprengstoffgürteln, schmutziger Unterwäsche oder einem 730-Kilo-Auerochsen können Sie Ihren Mann überall mit hinnehmen. Das heißt, einem sozialen Leben mit Ihrem frisch erworbenen oder gut gepflegten Mann steht nichts und niemand im Wege. Mit einer Ausnahme: *Sie!* Denn hier liegt der entscheidende Vorteil, Sie *müssen* mit Ihrem Mann kein gemeinsames soziales Leben führen. Alles kann, nichts muss!

Ihrem Mann wird es nichts ausmachen, wenn Sie alleine Ihre besten Freunde besuchen wollen, selbst wenn Sie ihm die Wahrheit sagen, dass er einfach nicht in Ihre Kreise gehört und Sie sich deshalb ein wenig für ihn schämen – das macht nichts. Verzichten Sie vielleicht darauf, Ihrem Mann diese Tatsache schonungslos und offen zu gestehen. Sätze wie »Lieber würde ich mit einem zweiköpfigen sabbernden Schimpansen in einem rosa Strampler dort auftauchen – mit einer Orange im Arsch!« könnten ihn vielleicht verletzen. Behaupten Sie beispielsweise einfach, dass er zu Hause gebraucht wird, weil noch so vieles zu tun ist. Sie erinnern sich? Ihr Mann braucht Aufgaben. Immer!

TIPP Vor dem Erwerb eines Mannes sollten Sie sich genau überlegen, ob er ein Teil Ihres sozialen Lebens sein soll. Der normale Hausmann wird dabei niemals zum Problem werden, aber sobald das Thema Öffentlichkeit oder Freundeskreis eine gravierende Rolle für Sie spielt, wäre über den Erwerb von Sondermodellen nachzudenken! Hier ist jeder zusätzliche Euro gut angelegt. *(Zugegeben: Kommt vielleicht ein bisschen spät, der Hinweis. Sorry!)*

Im Folgenden möchte ich Sie auf ein paar besondere Situationen vorbereiten.

Erstbesuch bei Ihrer besten Freundin

Schön, dass es Ihnen nichts ausmacht, Ihren Mann einmal unverbindlich Ihrer besten Freundin vorzustellen. Ihr Mann wird sich darüber freuen, das verschafft ihm den Eindruck, dass Sie ohne ihn nicht mehr können, was selbstverständlich nicht stimmt, aber von Ihnen nicht unbedingt erwähnt werden sollte. Vergessen Sie nicht, eine gelegentliche Aufwertung Ihres Mannes verlängert seine Lebensdauer, Spielfreude und Belastbarkeit.

Immer wieder aber kommt es gerade bei diesen Begegnungen zu ernsthaften Krisenerscheinungen, beispielsweise wenn Ihre beste Freundin zu sehr mit *Ihrem* Mann flirtet, das zu verhindern muss stets Ihr prioritäres Ziel sein. Aber: Wenn Sie ein paar der folgenden Empfehlungen beherzigen, wird auch der gemeinsame Besuch bei Ihrer besten Freundin ein wundervolles und nachhaltiges Erlebnis werden.

- Ziehen Sie ihrem Mann grundsätzlich nichts an, was ihm steht.
- Gönnen Sie ihm ein bis zwei Tage vor dem Besuch einen kompletten Hygieneverzicht – er wird sich freuen und nicht nach dem Grund fragen.

- Bitten Sie ihn, die tragische Figur und das konsequente Scheitern sämtlicher Diätpläne Ihrer besten Freundin offen und direkt anzusprechen.
- Ermuntern Sie ihn ausdrücklich, Ihrer Freundin die Frage zu stellen, warum sie noch keinen Mann hat.
- Geben Sie ihm die Chance, das Gäste-WC Ihrer besten Freundin so zu benutzen, wie er es von seiner Grundprogrammierung her gewohnt ist.
- Behaupten Sie ihm gegenüber, dass Ihre beste Freundin Fußballfans für Menschen hält, deren IQ nur unwesentlich höher ist als der einer getoasteten Amöbe, und erlauben Sie ihm, sich darüber mal so richtig aufzuregen.
- Gestatten Sie ihm unbedingt, sich immer und überall zu kratzen. Vergessen Sie dabei aber nicht, ihn darauf hinzuweisen, dass dies eine einmalige Ausnahme ist.
- Fordern Sie ihn auf, gleich beim Öffnen der Tür die Marseillaise in C-Dur zu rülpsen.
- Animieren Sie ihn, seine gewagten Thesen über die Zeit zwischen '33 und '45 sowie seine köstlichsten Puffwitze in epischer Breite vor ihr auszuwalzen.
- Stacheln Sie ihn im Vorfeld an, Ihrer Freundin den kompletten Inhalt der kommenden Staffel von »Grey's Anatomy« zu verraten … *naaa, okay, das ist zu hart!*

Sollten Sie grundsätzlich darauf bedacht sein, vor Ihren Freundinnen mit Ihrem Mann zu prahlen – vergessen Sie die obig genannten Punkte.

Sollte sich Ihre Freundin aber trotz all der oben aufgelisteten Absonderlichkeiten zu Ihrem Mann hingezogen fühlen – schenken Sie ihr eine Reise nach Jamaika oder in die Dom. Rep. Sie hat es anscheinend bitter nötig. Falls Ihre Freundin ohnehin keinerlei Interesse zeigt, mit Ihrem Mann zu flirten – wechseln Sie entweder die Freundin oder Ihren Mann. Rein finanziell betrachtet, dürfte die erstere Alternative die eindeutig günstigere sein.

Besuch bei den Eltern

Vor jedem Besuch Ihrer Eltern, sollten Sie sich die Frage stellen, welche Absicht Sie damit verfolgen, Ihren Mann mitgebracht zu haben.

Wenn Sie Ihre Eltern davon überzeugen wollen, mit Ihrem Mann die richtige Wahl getroffen zu haben, dann sorgen Sie zunächst einmal nur dafür, dass Ihr Mann nichts von dem unternimmt, was er bei Ihrer besten Freundin gegen das ungewünschte Fremdflirten unternehmen sollte. Also:

- Ziehen Sie Ihrem Mann grundsätzlich etwas an, das ihm steht – es darf auch gerne etwas noch Schöneres sein als die aktuelle H&M-Kollektion.
- Gönnen Sie ihm ein bis zwei Tage vor dem Besuch einen perfekt durchorganisierten Hygienetag – er wird sich nicht freuen, aber auch nicht nach dem Grund fragen.
- Bitten Sie ihn, die tragische Figur und das konsequente Scheitern sämtlicher Diätpläne Ihrer Mutter auf keinen Fall anzusprechen.
- Geben Sie ihm keine Chance, das Gäste-WC Ihrer Eltern so zu benutzen, wie er es von seiner Grundprogrammierung her gewohnt ist. Am besten ist es, wenn Sie ihm ein oder zwei Tage vor dem Besuch nichts mehr zu trinken geben – er wird nach Gründen fragen, die Sie aber nicht nennen müssen.
- Na ja, okay … je nachdem, wie Ihr Vater so drauf ist: Animieren Sie ihn, seine gewagten Thesen über die Zeit zwischen '33 und '45 mit Ihrem Vater durchzudeklinieren!

Falls Sie nun aber mit Ihrem Mann genau das Gegenteil bewirken wollen, dann verfahren Sie entsprechend gegenteilig.

TIPP Ihren Eltern wird jeder Mann spanisch vorkommen – vor allem, wenn er »Carlos« heißt. Der Mann ist etwas, das ihre Tochter einfach nicht braucht. Besonders Mütter sehen das so, und sie sprechen meistens aus langjähriger Erfahrung mit ihrem eigenen Mann. Erinnern Sie daher Ihre Mutter daran, dass ihr Mann mindestens einmal etwas sehr Schönes gemacht hat. *(Nein, ich meine natürlich nicht die Nummer in dem venezolanischen Puff, die er während seiner Dienstreise '86 geschoben hat. Nein, Herrgott! Ich meine: Ohne Ihren Vater gäbe es Sie nicht! Ach, Sie sind bei Ihren Eltern verhasst? Vergessen Sie's einfach ...)*

Besuch bei Freunden

Wenn Sie damit beginnen, Ihren Mann grundsätzlich in Ihr soziales Leben zu integrieren, d. h. ihn auch regelmäßig zu den Aktivitäten mit Ihrem Freundeskreis mitzubringen, wird Ihr Mann sehr schnell lernen, dass dies normal ist. Es sei denn natürlich, Sie sind Scientologin oder die letzten Überbleibsel der Manson Family.

Eine erfolgreiche Integration bedeutet aber wiederum auch, dass er es nicht akzeptieren kann, wenn sich daran etwas ändert. Ihr Mann wird dann aufgrund seiner hormonellen Grunddisposition sehr schnell übellaunig und in einigen seltenen Fällen auch aggressiv, was man sehr gut an seinem Fuß erkennen kann, der da gerade auf Ihrer Fahrerseite durch die splitternde Windschutzscheibe schießt.

Oftmals liegt der Grund dafür auch in einer Fehlbeurteilung der Situation. Ihr Mann wird, falls er mal zu Hause bleiben muss und Sie zu einer Party mit Freunden eilen, der Meinung sein, dass auf der Party ein anderer Alpharüde auf sie wartet, der Sie rau packen wird und im Getränkelager im Stehen ein wenig Abwechslung in Ihr Leben hineinschläft. Das ist natürlich völliger Blödsinn, aber für Ihren Mann gibt es nur selten einen plausiblen Grund, warum Sie ihn ausgerechnet jetzt nicht mehr mitnehmen.

> **TIPP** Um Eifersuchtsproblemen zu entgehen, nehmen Sie Ihren Mann am besten nie mit! Was er nicht kennt, vermisst er auch nicht. Oder haben Sie schon mal den Satz von ihm gehört: »Verdammt, wo liegt denn jetzt schon wieder meine DVD-Sammlung über pakistanische Seidenaquarelle?« Eben.
> Sorgen Sie während Ihrer Abwesenheit nur für ausreichende Trinkzufuhr und ein umfassendes Beschäftigungsprogramm. Aber Achtung: ein Berg Bügelwäsche,

unsortierte Single-Socken-Haufen und verkrustete Bratpfannen gehören nicht dazu. Auch wenn dies zum normalen Beschäftigungsprogramm Ihres Mannes gehört, in dieser Situation braucht Ihr Mann etwas anderes. Versuchen Sie es beispielsweise mal mit einem guten Buch. Bis Ihr Mann herausgefunden hat, was man damit machen kann, sind Sie längst wieder da!

Raum für Zwischennotizen:

. . . .

. . . .

. . . .

. . . .

. . . .

. . . .

. . . .

. . . .

. . . .

. . . .

. . . .

. . . .

. . . .

. . . .

. . . .

AUSSTATTUNG UND ZUBEHÖR

EINKLEIDUNG

Ihr Mann wird – wie Sie sicherlich schon mal bemerkt haben – grundsätzlich nackt ausgeliefert. Aber das muss ja nicht so bleiben. Es sei denn, Sie haben Spaß daran, ihn so durch Stadtparks oder vollbesetzte Fußballstadien zu hetzen, bis seine kleine Nudel Gefrierbrand kriegt.

Was Ihren Mann vornehmlich auszeichnet ist seine komplette Ahnungsbefreitheit, wie man sich ordentlich kleidet. Deshalb ist es vornehmlich Ihre Aufgabe, ihm adäquate Kleidung zu besorgen bzw. morgens rauszulegen. Das kennt er bereits von seiner Erzeugerin, und das wird er insgeheim auch an Ihnen schätzen.

Sicherlich werden Sie jetzt sagen: »Moment mal! Sich selber einkleiden, das tun doch viele Männer!« Das ist durchaus richtig – vielleicht möchten Sie aber vorher einfach kurz die Begriffe »Kai Ebel« oder »Kevin Kuranyi« googeln, bevor Sie weiterlesen.

Unterwäsche

Fangen wir ruhig bei der Unterwäsche an. Hier empfiehlt es sich, ein klassisches Modell zu wählen, das den Po Ihres Mannes vollständig bedeckt und in etwa am Oberschenkelanfang abschließt.

Der sogenannte »Eingriff« darf vorhanden sein, aber da Sie Ihrem Mann ja ohnehin das Sitzpinkeln beigebracht haben, wird der gar nicht nötig sein.

Die Unterhose oder Slip darf gerne aus Baumwolle sein. Oder: sollte sogar. Der Irrglaube, irgendeinem Mann auf diesem Erdenrund würde Gummi- oder Lackwäsche stehen oder gar erotische Strahlkraft zukommen lassen, ist schlichtweg falsch. Genauso ist es fatal, als Mann einen sogenannten »Tanga« zu tragen. Dieser kann einer 19-jährigen Brasilianerin am Strand von Ipanema wunderbar stehen. Bei einem 48-jährigen Frührentner auf einer wild gemusterten Couch in Bottrop-Boy trifft dies nur sehr bedingt zu. Es sei denn, Sie halten es für einen optischen Gewinn, einen Rollbraten mit buntem Zwirnsfaden in der Rille daheim zu haben.

Sollten Sie also Ihrem Mann einen Dreierpack Schlüpfer gekauft haben, dann besteht eine große Chance, dass dies zu weiteren Missverständnissen führt. Denn im Gegensatz zu Ihnen wird Ihr Mann eben diesen Dreierpack als gesunde Basis sehen, um bequem die nächsten drei Wochen untenrum geschützt zu sein. Und nicht etwa – wie von Ihnen gedacht – drei Tage.

Natürlich hat auch Ihr Mann selbst ein Bewusstsein für Reinlichkeit und Hygiene – nicht umsonst macht er jeden Morgen den Schnuppertest, indem er sich die Unterhose an die Nase hält, um den Geruch des Schlüpfers aufzunehmen und die weitere Verfügbarkeit zu überprüfen. Eine selbstkritische Auseinandersetzung mit der eigenen Verschmutzung, die Sie loben sollten. Falls Ihnen das nicht möglich sein sollte, wäre es zumindest nötig, sich auf einen gemeinsamen Hygiene-Nenner zu einigen. Und seien Sie versichert: Wenn er merkt, dass er mit seiner Unterhose Fensterscheiben einschmeißen kann – oder Panzerfahrzeuge –, dann wird er sicherlich ebenfalls schnell reagieren und die Plinte wechseln. Eines steht sicher fest: Hätten mehr Frauen ein Auge auf die Unterhosen-Wechsel-Intervalle Ihres Mannes … die Firma »Schiesser« hätte nie den Antrag auf Eröffnung des Insolvenzverfahrens gestellt.

Übrigens: Bevor Sie Ihren Mann vorschnell für die schöne neue, selbstgestrickte Wollunterhose loben – hat möglicherweise lediglich seine Unterleibsbehaarung ein wenig überhandgenommen. Na ja, …

So, nun haben Sie Ihrem Mann eine Unterhose angezogen. Damit könnte er nun theoretisch die nächsten vierzig Jahre bequem auf der Couch verbringen, durch den Garten flanieren usw. Da Sie aber höchstwahrscheinlich nach Höherem streben, als Ihren Mann auf einer Cocktailparty im gerippten Einteiler Ihren Freunden vorzustellen, sollten Sie dringend nachlegen, z. B. mit:

Socken

Die hat Ihr Mann gern. So gern, dass er sie – sobald Sie ihn daran gewöhnt haben – gar nicht mehr ausziehen möchte. Und es dann auch tatsächlich gar nicht tut.

Auch wenn Ihr Mann es sicher gut meint: Dass schwarze Socken auf Frauen eine aphrodisierende Wirkung haben, können Sie sicher nicht bestätigen, oder? Genauso kann man die Beteuerung Ihres Mannes, dass Socken beim Geschlechtsakt ein Garant auf männlichen Nachwuchs sind, als netten Versuch verbuchen, aus seiner Passion für Fußtextilien eine Wissenschaft zu machen.

Auch wenn es nur Socken sind – so leicht wie an Weihnachten, wo man die Dinger lediglich an den Kaminsims hängen muss, ist es wirklich nicht. Schließlich müssen Sie sie dieses Mal an Ihren Mann hängen. Und leider kann man dabei vieles falsch machen. Grundsätzlich sind schwarze Socken immer ratsam – am besten kniehoch. Allerdings nur beim Tragen einer langen Hose – aber da Sie ja nicht »Mr Britney Spears« in Schuluniform zu Hause sitzen haben, setzen wir das mal voraus. Profis gehen so weit, die Farbe der Socken dem Hemd anzupassen – stellt sich lediglich die Frage, ob Sie in der Lage sind, lachsfarbene Socken mit dem Motiv eines Gras rauchenden, Sonnenbrille tragenden Schimpansen aufzutreiben. Bonne chance, sagt der Franzose.

Um das grundsätzlich noch einmal zu betonen: Socken sind etwas Gutes. Sie halten warm und schützen obendrein vor schier entfesselter Schweißbildung am Fuß Ihres Mannes. Was Sie sicherlich schon festgestellt haben – woher soll Ihr Mann auch wissen, dass ein Kinobesuch deutlich entspannter ausfällt, wenn man vorher die Joggingschuhe gegen normales Schuhwerk austauscht *(inklusive Socken!)*. Leider ist die Sockenfrage keine, die man so zügig abhaken kann wie die Schlüpfer-Diskussion. Sie werden jedenfalls viel Zeit brauchen, Ihrem Mann zu erklären, warum er zwar in Sportschuhen Socken tragen muss – oder z. B. in Slippern –, aber er wird vermutlich nicht verstehen, warum er sie plötzlich nicht mehr tragen darf, z. B. in seinen Sandalen, hier in Nizza, an der Strandpromenade, im Café …

So oder so, stellen Sie bitte sicher, dass der süßliche Duft wirklich vom »Dolce Vita« kommt – und nicht etwa vom verwesungsgleichen Aroma seiner Füße.

Hosen

Sie werden im Allgemeinen gerne als »Beinkleid« bezeichnet. Was bedeuten soll, dass sie das Bein gut kleiden. Eine Entscheidung, die Sie auf keinen Fall *ihm* überlassen sollten!

Hosen gibt es in einer Varianz, dass die Betrachtung und Besprechung all dieser den Rahmen sprengen würde. Deshalb will ich es beim Basiswissen belassen:

Zunächst einmal ist die Länge entscheidend. *(Toller Satz, nicht wahr? Aber vergessen Sie nicht: Es geht um Hosen.)* Die Hose sollte grundsätzlich eine knappe Handbreit unter dem Bauchnabel ansetzen. Falls der das letzte Mal irgendwo auf Penishöhe verschwunden sein sollte, orten Sie die Gürtellinie einfach dort, wo Sie sie aus schöneren Tagen in Erinnerung haben.

Gesetzt den Fall, dass Sie in den Achseln Ihres Mannes schlimmen Schorf bzw. bösen Abrieb feststellen sollten, animieren Sie ihn dringend, den Hosenbund etwas tiefer anzusetzen.

Untenrum sollte das Hosenbein nach Möglichkeit am Schuh abschließen. Kürzer darf Sie auf keinen Fall sein – es sei denn, Ihr Mann ist Meteorologe und bereitet sich schon mal auf die nächste Oderflut vor. »Freche« Experimente wie z. B. eine 7/8-Hose können Sie sich natürlich erlauben – ach, Ihr Mann ist gar nicht Oleg Popov, der berühmte Clown? Nein? Dann lassen Sie's.

Um ein für alle Mal damit aufzuräumen. Bitte nehmen Sie Abstand von:

- Bundfaltenhosen,
- Lederhosen,
- Lederhosen mit Bundfalten,
- Jeans mit Bundfalten,
- Jeans mit Bundfalten und Gummizug,
- Lackhosen oder
- Karohosen. *(Es sei denn, Ihr Mann steht morgens um drei Uhr auf, um Brötchen zu backen. Oder hat ein Handicap – außer der Hose jetzt.)*

Am besten verpassen Sie Ihrem Mann eine unprätentiöse schwarze Anzug- oder Stoffhose. Die sieht bei so ziemlich jeder Figur seriös und vernünftig aus.

Eine schlichte Jeans tut es bei vielen Gelegenheiten aber auch.

Falls er sich für ein zerschlissenes Modell mit Nieten, Rissen oder einem Engegrad jenseits der Airbrushgrenze entscheiden möchte, um auch jenseits der Dreißig seine Freiheit und Rockerattitüde zu unterstreichen, schenken Sie ihm lieber eine Packung filterlose Zigaretten – haben alle mehr von.

Und die einzige Niete an der Jeans sollte die sein, die sie trägt.

Beziehungsweise: eben nicht. *Nein! Sie* haben es in der Hand, Ihren Mann so einzukleiden, dass Sie auch die nächsten Jahre vor Freunden und Nachbarn problemlos mit ihm prahlen können.

Oberbekleidung

»Was soll ich bloß tragen, ohne wie ein abgehalfterter Baumarktbespaßer im Basislager der Erfolgspyramide auszusehen?« Sie kennen diesen dackelgleichen Blick Ihres Mannes, nicht wahr? Wenn er vor Ihnen steht in einem Hemd wie ein Hilfeschrei. In Spektralfarben, die eine ganze Hippiekommune in den Spätsechzigern mit einem kompletten LSD-Arsenal nicht auf die Hypophyse gefeuert bekommen hätte.

Kurz: Bis zur Hose haben Sie's bereits geschafft, aber das Hemd macht die Situation nicht leichter.

Was heißt überhaupt »Hemd« – so weit sind wir ja noch gar nicht. Zum einen sollten Sie Ihren Mann davon überzeugen, dass er zwar schön ist wie er ist *(haha, kleiner Witz. Das denkt er ohnehin – da könnten Sie machen was Sie wollen.)* – er sich aber dennoch ruhig was drüberziehen darf, wenn er aus dem Fenster lehnt und das Geschehen in der Siedlung betrachtet bzw. kommentiert bzw. regelt.

Aber was anziehen? Legen Sie ihm ein **T-Shirt** raus, und warten Sie, was passiert. Nach anfänglicher Skepsis, ja Angst sogar, wird er sich langsam vortasten, möglicher-

weise dran schnuppern, das T-Shirt anziehen und sich wohl-
fühlen. So wohl, dass er es sehr bald als sein »Lieblingsshirt«
bezeichnen wird und ... aber das kennen Sie ja bereits von der
Unterhose.

Ähnlich wie bei den anderen Kleidungsstücken sollten Sie
auch bei der Oberbekleidung keine großen Experimente
wagen, sprich: lassen Sie *ihn* bloß nicht alleine losziehen. Es
sei denn »Shopping« und »Shocking« gehen für Sie Hand in
Hand. *(Haha, der war gut. Bin ich stolz drauf. Sagen Sie mir bitte
noch mal eben kurz die Seite.)*

Ein klassisches schmales, weißes T-Shirt erfüllt jederzeit seinen
Zweck. Okay, wir schlagen noch mal kurz unter *B wie Bauch*
nach und entscheiden uns gegebenenfalls doch lieber für ein
schwarzes. Keinesfalls aber sollten Sie zu Motiv-T-Shirts greifen – selbst wenn diese Ihren Mann zumindest mit einem An-
satz von Attitüde versehen.

Toll wiederum sind die herrlichen T-Shirts mit Motiven, die
man sonst nur als Airbrush auf Motorhauben im Ruhrgebiet
findet, und wohl drapiertem Strass ... willkommen in der
wunderbaren Welt der Ironie!

Selbstverständlich taugen diese stoffgewordenen Armutszeug-
nisse maximal dazu, anderen zu signalisieren, dass Ihr Mann
als Gesprächspartner oder gar Gesellschafter in keinster Weise
in Frage kommt. Fast wie eine unsichtbare Leuchtreklame, die
ihren Träger schon von weitem als Volldebilen und A-Klassen-
Honk ausweist.

Ähnlich wie bei jungen attraktiven Frauen, bei denen diese
Kirmeskollektion es schafft, sie binnen weniger Sekunden auf
Prostituiertenoptik herunterzudressen, wird auch der Mann,
respektive *Ihr* Mann, blitzartig der Lächerlichkeit vorgeführt.
Was Sie sicherlich nicht möchten, da der Mann ja quasi Ihr
Geschöpf ist.

Jedenfalls bleibt mir nur, Ihnen dringend davon abzuraten,

Ihrem Mann T-Shirts anzuziehen, die mit Strass oder gar Pailletten besetzt sind und auf denen Tigerköpfe oder ähnliches Viehzeug prangen. Verstehen Sie mich nicht falsch: Natürlich dürfen Sie das. Wenn Sie allerdings am Frühstücksbüfett Ihres All-Inclusive-Ferienclubs in der Türkei mit Individualismus glänzen wollen – lassen Sie's.

Derartige Shirts stehen gerade mal 18-Jährigen. Und das auch nur deshalb, weil man ihnen aufgrund massiven THC-Konsums völlige Gleichgültigkeit der eigenen Optik gegenüber attestiert … was wohl auch stimmt.

Beim **Hemd** verhält es sich ähnlich wie beim T-Shirt. Klassisch ist immer vorne.

Applikationen dürfen Sie sich aufs iPhone laden – aber auf dem Hemd Ihres Mannes haben sie nichts verloren. Es sei denn natürlich, Sie wollen ihn zur Aufbesserung der Haushaltskasse als Prekariatsbespaßer in Baumärkte und Möbeldiscounter schicken. Dann sind sogar wieder Strass und Pailletten erlaubt.

Grundsätzlich ist gegen kurzärmelige, sogenannte »City-Hemden« nichts einzuwenden – solange sie unter der Jacke bleiben. Allein für sich getragen erwecken diese schnell den Anschein, Ihr Mann sei ein unterklassiger Bankangestellter oder Schalterscherge, der abseits des Notenzählens mal so richtig die Sau rauslassen möchte – aber kontrolliert bitte.

Und was bitte machen Sie überhaupt mit den »City-Hemden«, wenn Sie mal aufs Land ziehen? Na, eben.

Womit Sie beim Einkleiden grundsätzlich richtig fahren, ist ein klassisches Hemd. Sehr gerne weiß, aber durchaus auch hellblau, blau-weiß gestreift oder schwarz. Punkt. Von mir aus auch als Poloshirt.

Alle anderen Farben wie z. B. Apfelgrün oder Rosa gehen möglicherweise als geheime Eintrittskarte zum Shrimpspöbeln auf dem Blendereiland Sylt durch – aber da möchten Sie ja sicher nie hin, oder?

Und bitte: Klappen Sie doch eben noch dezent den Kragen des Poloshirts runter, ja? Die Leute gucken schon.

Um Ihrem Mann nicht dauerhaftes, ja fast mysteriöses Scheitern beim Erlangen jedweder gesellschaftlicher Achtung zu bescheren, sollten Sie ihm jegliche Möglichkeit nehmen, jemals ein lachsfarbenes Hemd zu tragen bzw. tragen zu müssen – schließlich entscheiden ja Sie. Ähnlich wie ein »changierendes Aubergine« ist auch Lachs als Farbe gänzlich unzulässig. Nicht nur deshalb, weil es weltweit keinen einzigen Hautton gibt, der in Kombination mit dieser Farbe Ihren Mann *nicht* wie einen schwindsüchtigen Schweinegrippenpatienten mit Amok-Darm aussehen lässt, sondern auch weil die zunehmende Überfischung der Gewässer und die künstliche Züchtung von Lachsen es mittlerweile unmöglich macht, dem Lachs als solchem überhaupt noch eine bestimmte Farbe zuzuweisen. Da ist von Blassbeige bis Indigo mittlerweile alles drin.

Falls das noch nicht klar gewesen sein sollte: Natürlich müssen Sie Ihrem Mann das Hemd nicht bis zum obersten Knopf zumachen, bis er aussieht wie ein Strangulationsopfer. Zwei Knöpfe weniger tun es auch.

Aber bitte nutzen Sie meine Gutmütigkeit nicht aus und öffnen Ihrem Mann das Hemd derartig weit, dass man dahinter ein öffentliches Flehen um spontane Mammographie oder eine etwaige Verwandtschaft mit dem Wendler-Clan vermuten könnte.

Über die Kombination mit Schmuck wie z. B. einer atemberaubend geschmacklosen Goldkette sprechen wir gleich noch en Detail.

Eins noch: Gönnen Sie Ihrem Mann ruhig einen anständigen

Stoff wie z. B. Baumwolle. Da sollten Sie nicht sparen und auf etwas Billigeres wie z. B. Polyester (im Volksmund auch liebevoll »Polschester« genannt) zurückgreifen – es sei denn, Sie mögen es, Ihrem Mann dabei zuzusehen, wie er schwitzt wie ein usbekischer Moschusochse im türkischen Dampfbad.

Ein **Pullover** kann sehr schön sein. Solange er überm Hemd getragen und nicht etwa »lässig« um die Schultern gelegt wird. Das erinnert entweder fatal an die bereits oben genannte Kampener »Bellini Mafia« oder – schlimmer noch – an gänzlich indiskutable fränkische Fußballstars und ihre unbeholfenen Versuche, Reste von italienischer Modekultur in ihre heutige Welt zu retten. Von Weichteil-Ikonen aus der Traumschiff-Crew ganz zu schweigen.

Durch eine derartige Feminisierung kastrieren Sie Ihren Mann schleichend und entziehen ihm zunehmend die Beschützerrolle. Er wird dies instinktiv spüren und aus stummem Protest zusehends verfetten.

Sie dürfen den für teuer Geld gekauften »Sansibar«-Pullover jetzt also getrost verbrennen.

Jacken

Sie bieten Ihrem Mann Schutz und halten ihn im Falle von einsetzendem Regen trocken bzw. warm im Kältefall. Vielmehr noch aber können sie Ausdruck der individuellen Persönlichkeit Ihres Mannes sein – oder besser: der Persönlichkeit, die Sie ihm erlauben.

Eine schlichte **Lederjacke** kann ihm einen Hauch von Verwegenheit verpassen – selbst dann, wenn er schon Stressdurchfall kriegt, weil er mal die Steuer um € 1,30 beträgt.

Auf eine **Jeansjacke** trifft in etwa dasselbe zu. Bitte achten Sie nur darauf, dass bei Ihrem Mann nicht Jeans und Jeansjacke Ton in Ton einhergehen – er könnte sonst fatal an die Katalogmodels der unsäglichen Klamotten-Discounter oder den mittleren Hasselhoff erinnern. Und das ist nicht schön.

Ebenso unschön sind Jacken – oder natürlich auch Pullover –, die eine gewisse Vereinszugehörigkeit demonstrieren. Zum einen aus Sicherheitsgründen, weil Sie davon absehen sollten, Ihren Mann mit einem BVB-Pullover in die S-Bahn nach Gelsenkirchen zu setzen. *(Zumindest, wenn Sie ihn ganz zurückhaben wollen.)* Zum anderen, weil … ja, weil's einfach scheiße aussieht und er wohl kaum seine Millionen mit professionellem Fußballspiel verdient, oder?

Außerdem: Dann würde er ja auch wiederum diese Strassfummel tragen, und Sie wären kaum ernsthaft daran interessiert, ein Buch zu lesen. Selbst, wenn es so eins ist wie dieses! Aber weiter:

Blousons, **Windbreaker** … alles in Ordnung. Von beige- bis ockerfarbenen Jacken möchte ich jedoch dringend abraten. Es sei denn, Ihr Exemplar ist bereits jenseits der Siebzig. Dann können Sie selbstverständlich die komplette Kleidung auf Ocker umstellen.

Was ich Ihnen an dieser Stelle ausdrücklich verbieten möchte, ist der Kauf zweier Partner-Übergangsjacken aus dem Kaffeeladen, mit denen Sie Ihren Mann möglicherweise noch zu einer gemeinsamen Radtour nötigen wollen – vermutlich noch obendrein mit Helm. Grundsätzlich kann es Ihrem Mann schweren, ja irreparablen Schaden zufügen, wenn Sie ihn dazu drängen, Dinge zu tragen, die Ihre Partnerschaft allzu deutlich unterstreichen. Er wird sich dadurch nur noch unzureichend als Individuum wahrgenommen fühlen und schleichend jegliche Form der Persönlichkeit verwischen lassen.

Ach, Sie finden das angenehm? Okay, na denn.

Womit Sie Ihrem Mann optisch stets einen Gefallen tun werden, ist ein klassisches **Sakko**. Schnörkel- und zeitlos und gut. Am besten zwei Knöpfe und die nach Möglichkeit schwarz.

Goldknöpfe am marineblauen Sakko dürften Sie sich bzw. Ihrem Mann erlauben, wenn er zum alten Hamburger Geldadel zählt, die letzten vierzig Jahre Kapitänsmütze getragen hat oder es als geliebtes Erinnerungsstück aus seiner Zeit bei den »Guldenburgs« behalten hat. Andernfalls fahren Sie mit etwas weniger Auffälligem deutlich besser.

In den kälteren Monaten darf es auch gerne ein klassisch geschnittener **Mantel** sein.

Oder sogar ein **Trenchcoat**. Ja, wirklich.

So, bis hierhin haben wir es ja schon geschafft. Dummerweise können Sie jetzt noch alles kaputtmachen. Und zwar mit:

Schuhe

Kaum ein Kleidungsstück hat eine derartige Macht, den – vielleicht sogar positiven – Gesamteindruck wieder zu zerstören wie Schuhe. Dabei kann man bzw. Frau entsetzlich viel falsch machen, z. B. durch Experimente. Diese haben am Fuß Ihres Mannes nichts verloren.

Sollten Sie es also für pfiffig halten, das Outfit Ihres Mannes mit ein paar sportlichen Schuhen aufzupeppen, dann ist das grundsätzlich in Ordnung. Läuft Ihr Mann allerdings mit **Joggingschuhen** durch die Gegend und unterschreitet dabei eine Geschwindigkeit von 10 km/h, dann haben Sie eindeutig etwas missverstanden. Joggingschuhe sind – ganz richtig – zum Joggen da! Und nicht etwa dazu, die tadellose Optik eines schwarzen Anzuges zu konterkarieren bzw. sabotieren.

Ebenso wie **weiße Lederschuhe**. In Kombination mit einem klassischen Anzug geben Sie Ihren Mann einer Lächerlichkeit preis, die nur noch dadurch zu toppen wäre, ihn mit Erdnussbutter einzureiben und mit einer Essiggurke im Hintern durch die Altstadt zu schicken. Weiße Lederschuhe … ich bitte Sie.

Im Grunde genommen sind als sportive Schuhe jenseits der

Zwanzig ohnehin nur schnörkellose **Sneakers** oder die zeitlos guten **Chuck's** zulässig – in Weiß oder Schwarz, dann passt das schon.

Klassische **schwarze, rahmengenähte Schnürschuhe** oder **Stiefel** lassen Ihren Mann stets gut, ja fast weltmännisch erscheinen. Sogar **braune Schuhe** sind zulässig – wenngleich einige unverbesserliche Snobisten immer noch dem Mantra »no brown after five« anhängen. Warum ich nach fünf Uhr nicht mehr braun sein darf … diese Frage stellen sich nicht nur in Rostock oder Cottbus viele Männer.

Es schadet übrigens nichts, die Schuhe dann und wann zu putzen bzw. zu pflegen, da gerade die Schuhe viel über Ihren Mann aussagen, und ihn ein ordentlicher Schuh gleich ganz anders dastehen lässt. Es sei denn natürlich, er hat wieder dieses komische Hemd mit dem kiffenden Schimpansen an. Dann kann er auch gerne bunte Bowlingschuhe anziehen …

Übrigens: Ein »Schuhspanner« ist kein Perverser. Und »Absatzschwierigkeiten« gehören in die Wirtschaft und nicht in den Schuhschrank Ihres Mannes.

Ein Mann sollte nicht auf Zehn-Zentimeter-Absätzen herumlaufen. Er ist ja schließlich weder französischer Präsident noch irischer Weltenretter und Rocksänger.

Accessoires

Da **Hosenträger** bestenfalls – und am besten noch in Kombination mit einem blauen Hemd plus weißem Kragen – als lustige Parodie auf pomadegetränkte Heuschrecken und Finanzmuränen taugen, kommt für den Mann eigentlich nur der **Gürtel** in Frage.

Und eigentlich kann man hier nicht viel falsch machen. Aber *Sie* kriegen das sicher auch noch hin. Entschuldigung, aber dieses Thema zermürbt mich.

Vor allem deshalb, weil ich freimütig bekennen muss, dass ein nahezu unangreifbares Stildiktat ausgerechnet von Lothar M. kommt, der modetechnische Aufmerksamkeit erregte, als er bei seiner Rückkehr aus Mailand – neben einem Eis im Hörnchen – folgende Regel mitzubringen wusste: »Die Schuhe müssen zum Gürtel passen.«

Sie müssen jetzt aber nicht losrennen und den passenden Gürtel zu den weißen Lederschuhen besorgen. Die sollten Sie ja wegwerfen, nicht wahr.

Also: Schwarze Schuhe – schwarzer Gürtel. Braune Schuhe – brauner Gürtel *(aber natürlich nicht nach fünf, gelle? Ha, jetzt hab ich Sie, was? Ich gönn' mir zur Belohnung mal 'nen Smiley ☺)*

Auch bei Gürteln gilt wie bei nahezu allem: »**Lieber schlicht – sonst nicht.**«

Deshalb können Sie das Gürtelschnallenmodell »Ray Krebbs« getrost wieder zurück ins Regal legen – Ihr Mann ist ja kein amerikanischer Viehhirte und trägt Cowboyhut.

Sollte Letzteres doch der Fall sein: Legen Sie das Buch weg und wandern Sie erst einmal ein paar tausend Kilometer … Also, nur damit Sie hier in der Gegend niemanden mehr mit herunterziehen können.

Besondere Formen kommen bei einer Gürtelschnalle ebenfalls nicht in Frage: Also, z. B. ein Auto, der Umriss von Sylt, ein Totenkopf, eine SS-Rune … das Übliche halt.

Über Krawatten gibt es nicht viel zu sagen, außer dass auch diese nicht auffällig gemustert sein sollten und ein Farbspektrum der »Pollock-Stufe 5« ebenfalls dem Gesamteindruck abträglich ist. Schwarz oder dunkelblau geht immer. *(Womit ich nicht das Gesicht Ihres Mannes meine, dem Sie gerade den Knoten zu fest gezurrt haben, Herrgott!*

Aber apropos »umlegen«: Eine vornehmlich im Süden der USA beliebte Westernkrawatte mag möglicherweise einfacher umzulegen sein, aber das mit den beiden komischen Lederkordeln meinen Sie doch nicht ernst, oder? Wer ist Ihr Mann?

Walker, der Texas Ranger?

Ach ja, richtig ... Sie waren das mit dem Cowboyhut.)

Wo wir gerade dabei sind: Kopfbedeckungen sind modisch per se ein dünnes Eis, auf dem Sie Ihren Mann mit heißen Sohlen steppen lassen. Setzen Sie ihm einen Hut auf, dann besteht schnell die Gefahr, dass er für die anderen Partygäste wie ein Künstler daherkommt. Weshalb Sie Ihrem Mann in diesem Falle schnell reichlich Alkohol einflößen sollten, bevor er noch durch allzu rationales Reden enttarnt wird.

Ein **Baseballcap** eignet sich wunderbar, falls ihm im Sommer die Sonneneinstrahlung einige Quadratmeter Kopfhaut abzuflämmen droht. Ach, und ein *umgedrehtes* Baseballcap macht es sogar möglich, Ihren Mann binnen weniger Hundertstel derart retardiert aussehen zu lassen, dass man ihm sogar zutraut, vor lauter Dummheit sein eigenes Spiegelbild anzuknurren. Oder wollen Sie damit möglicherweise seine Laufleistung ein wenig kaschieren und ihm ein jüngeres Äußeres verpassen? Ist ja ein hehres Ziel – aber ihn optisch zu verschandeln, kann der Weg nicht sein.

Eine gleichermaßen unerwartete wie unerfreuliche Renaissance erleben auch die sogenannten **Trucker Caps**. So eine dürfen Sie natürlich auch Ihrem Mann auf den Kopf setzen. Dann allerdings sollte er Ihnen auch direkt anderthalb Tonnen Äpfel aus Portugal mitbringen können.

Blieben eigentlich nur noch zwei Dinge zu sagen:

Schmuck in jedweder Form sollten Sie, liebe Frau, ganz allein für sich selber beanspruchen. *(Das gefällt Ihnen, was?)* Bei Männern wirkt Schmuck völlig deplatziert. Insbesondere Goldschmuck. Ohnehin hat das eigentlich ja so wertvolle Gold die ungewöhnliche Eigenschaft, immer billiger auszusehen, je mehr man davon trägt. Abgesehen davon wollen Sie sicher auch, dass die Nachbarn Ihren Mann als Ihren ganzen Stolz betrachten – und nicht etwa, dass die annehmen, dass Sie täglich Bargeld bei ihm abliefern müssen.

Die Pilotenbrille
– auch ohne
Flugschein
das Merkmal
eines
hauptamtlichen
Teufelskerls

Im Grunde hat lediglich die **Uhr** die Berechtigung, dass Sie damit Ihren Mann behängen. Allerdings sollten Sie ruhig auch hier ein wenig auf Understatement achten und nicht gleich einen Wecker raussuchen, dessen Zifferblatt in etwa der Grundfläche von Dänemark gleicht.

TIPP Falls Sie die Uhr bei einem der zertifizierten Händler am Strand Mallorcas erstehen wollen: Die Schreibweise Ihrer »Rollecks« deutet zart darauf hin, dass es sich bei der Uhr nicht um ein Original handeln könnte.

Abschließend möchte ich Ihnen schon einmal gratulieren: *Sie haben es geschafft!* Sie haben Ihren Mann ordentlich verhüllt. Respekt, das war sicher gar nicht so leicht.

Leider können Sie sich auf diesen Lorbeeren nicht lange ausruhen, denn die Kleidung muss natürlich auch regelmäßig gewechselt werden. Dazu allerdings wird Ihr Mann kaum Lust verspüren, denn wenn er sich einmal an seine Textilien gewöhnt hat, dann mag er sich kaum noch davon trennen … und das ist für Kleidung sicherlich nicht ganz optimal. In puncto Frauen allerdings tickt Ihr Mann ganz ähnlich. Und das ist doch auch was Schönes.

SONDERMODELLE

Wie so viele Top-Produkte gleicht auch kein Mann dem anderen. Mehr noch: Männer sind in höchstem Maße individuell. Ein Umstand, der sich im Laufe der Jahre mehr und mehr ausprägt. Es kommt deshalb vornehmlich darauf an, in welchem Alter Sie sich den Mann zulegen. *(Damit meine ich jetzt nicht Ihr Alter, klar.)*

Wenn Sie ein junges Modell abgekriegt haben, das mit gleichermaßen offensichtlicher Begeisterung wie Emsigkeit an Ihnen herumkopuliert – toll! Aber darum soll es jetzt nur am Rande gehen. Je jünger das Modell ist, das Sie sich zulegen, desto größer ist die Wahrscheinlichkeit, noch selbst Einfluss auf die Sonderausstattung nehmen zu können. Wenngleich Ihnen schnell bewusst werden sollte, dass ein Mann, dessen Hände an Koteletts erinnern, auf die fünf Landjäger gepfropft wurden, höchstwahrscheinlich nicht zum Konzertpianisten taugen wird.

Und einen jungen Mann, der bereits im zarten Alter den Body-Mass-Index eines Marzipanbrotes hat, brauchen Sie nicht zum Intensivkurs bei Borussia Dortmund anzumelden. Wenn überhaupt zum Einzeltraining bei Felix Magath – aber das ist eine andere Geschichte.

Die verfügbaren Sondermodelle sind natürlich äußerst vielfältig, deshalb möchte ich hier nur ein paar Beispiele herauspicken. Ja, okay, ich ahne es schon, Sie sind wie alle anderen natürlich ausschließlich an der einen Sache interessiert. Sollen Sie haben.

Das Sondermodell »Horizontalhengst«

Dieses Modell ist besonders für Frauen geeignet, die Ihre Freizeit in erster Linie im Liegen verbringen möchten. Und damit meine ich keinen Streckverband wegen kaputter Wirbelsäule. Wobei: Die könnte Ihnen durchaus drohen.

Der Horizontalhengst – im Folgenden HH genannt – konzentriert sich in erster Linie auf seine Fähigkeiten im Lendenbereich. Wenngleich »konzentrieren« sehr wohlwollend formuliert ist. Zum Konzentrieren fehlt ihm eigentlich schlicht das nötige Gehirnschmalz. Macht aber nix – das Blut wird ja ohnehin konsequent in den Schoß gepumpt. Je nach Größe des Gliedes, »Rappelrüssels« oder »Fleisch-Hiltis« wird das auch bitter nötig sein.

Sollten Sie also ein Modell erwischt haben, das von der Natur sehr großzügig bedacht wurde *und* obendrein am Tag mehr Verkehr haben will als die A1 – stellen Sie sicher, dass Sie ausreichend Wund- und Heilsalbe im Haus haben.

Der HH ist tatsächlich nahezu nur zum Koitieren zu gebrauchen, verbringt seinen Tag nahezu ausschließlich in der Horizontalen und hält »senkrecht« für einen Teilbereich von Jura … wenn er denn wüsste, was Jura ist.

Vorteilhaft ist, dass er, wann immer Sie Lust auf spontane Beschlafung haben, schon längst die Hose offen und die ersten drei Minuten schon mal ohne Sie »vorgeglüht« hat. Auf die Art können Fahrstuhlfahrten, Kirchenbesuche oder Museumsaufenthalte natürlich durchaus spannend werden. Da wird das komplette Kamasutra an einem Abend durchexerziert – inklusive Vor- und Nachwort.

Der Nachteil liegt auf der anderen Seite darin, dass Sie diesen Typus Mann kaum irgendwo mit hinnehmen können. Schon gar nicht zu gesellschaftlichen Anlässen oder gar familiären Zusammenkünften. Zum einen deshalb, weil Sie schon völlig verschmiert und mit wilden Haaren bei Ihren Eltern ankommen würden, da die kurze Nummer gerade eben im Auto beim besten Willen nicht mehr zu verhindern war. Zum anderen, weil jedes sich anbahnende Gespräch mit dem Mann an Ihrer Seite bei den Anwesenden unweigerlich die Frage aufwerfen würde, ob Sie gerade Ihr freiwilliges soziales Jahr angetreten und sich ein bisschen Arbeit mit nach Hause genommen haben.

Sie sollten sich eine derartige Entscheidung deshalb gut überlegen. Zumal »Dirty Talk« ein gutes Gespräch auf Dauer kaum ersetzen kann. Sich einen HH zuzulegen ist wie ein feuchtheißer spanischer Erotikstreifen – durchaus wild und erregend, nur die Dialoge kannst du wegen der Sprachbarriere getrost vergessen.

Ach ja, jemand, der seinem biologischen Auftrag derart hörig ist, wird sich sicher nicht allzu viele Gedanken darüber machen, was Monogamie *(ein beliebtes Brettspiel?)* noch mal gleich bedeutet.

Seien Sie ihm also nicht böse, wenn er dann und wann mal in eine andere Frau hineinplumpst – er meint es nicht böse. Sie waren halt nur gerade nicht da.

Und wo wir gerade beim Sex sind: Jetzt für alle, die da nicht (mehr) so viel Spaß dran haben (können):

Das Sondermodell »Ceranfeldherr«

Kochen gilt gemeinhin als der »Sex des Alters«. Sollte das stimmen, müssen wir uns über die Überalterung unserer Gesellschaft ernsthaft Gedanken machen, denn: Gekocht wird im deutschen Fernsehen allerorten.

Im Grunde ist es fast schon verwunderlich, dass die Profiler vom »CSI« oder »Dr. House« nicht noch auf der Metallpritsche ein Käsefondue aufgebaut haben oder direkt auf dem Korpus Häppchen ablegen. So weit, so geschmacklos.

Kochen ist Volkssport Nummer eins. Nur logisch, dass es mittlerweile auch den passenden Mann dafür gibt: den »Ceranfeldherr« – er ist Hexer am Herd, Gewürzgraf, Fürst der Flamme, König Pfeffermühle, Baron von Salbei, Lord Siedepunkt, Freiherr von Balsamico usw. Ein Mann, dem bei »Liebstöckel« schon lange keine anderen Assoziationen mehr einfallen als … na ja, Gewürze eben.

Mit diesem Mann können Sie vortrefflich Stunde um Stunde kochen, braten, schmoren, garen, backen oder über den Markt schlendern. Dieser Mann kann Sie an sich binden wie eine gute Soße. *(Gut, die Soße kann man nicht an Sie binden, aber der Vergleich war zu schön, um ihn als unpassend zu verwerfen. Ich bin auch nur ein Mann.)*

Im Grunde genommen haben Sie sich das Modell »Lichter« ins Haus geholt. Klein, gemütlich, sympathisch und hochkalorisch. Allerdings käme auch niemand ernsthaft auf die Idee, Horst Lichter ins Zentrum irgendeiner Erotik zu rücken. Da allerdings liegt der Hase im Pfeffer – was jetzt übrigens *kein* Gericht ist: Immer öfter pochiert es *(haha!)*, dass solche Dinge wie ein gut gegarter und delikat abgeschmeckter »postcuisinaler Beischlaf« komplett flachfällt. Noch nicht einmal, weil die grundsätzliche Bereitschaft zum Pimpern fehlt. Nur, machen Sie das mal nach einem Fünf-Gänge-Menü, in dem buchstäblich der halbe Butterberg verbraten wurde. Jede zusätzliche Bewegung, die den Körper von der mühseligen Verdauung nun abhalten würde, könnte Sie schlicht töten!

Daher sollten Sie auch hier lange über die Anschaffung nachdenken. Sonst ist die einzige Nudel, die sie noch jemals in der Hand halten werden, garantiert al dente.

Das Sondermodell »Tänzer«

Bevor ich richtig loslege, auch hier eins vorweg: Männer tanzen nicht. Nie, weder auf der Flucht, unter Folter, geschweige denn zum Vergnügen. Sie tanzen einfach nie! Punkt. Oder Ausrufezeichen, wie Sie wollen.

Das Maximum sind vielleicht stepptanzartige Laute, wenn er mit seinen verhornten Barfüßen über das Laminat klackert – das war's dann aber auch.

Mit Ausnahme dieser Sonderedition, die speziell bei anderen Männern so geliebt und geachtet ist wie der Golf »Bon Jovi«: die Tänzer-Edition, auch bekannt als das Modell »Norbert Schramm«.

Gesetzt den Fall, dass Sie sich schon häufiger bei Festivitäten wie etwa Geburtstagen, Hochzeiten oder »Castrop kocht über« darüber geärgert haben, dass Ihr Mann lieber einen Strauß Tennissocken fressen würde, als mit Ihnen aufs Parkett zu wackeln, dann ist dieser Mann sehr zu empfehlen.

Unaufgefordert, ja, sogar geradezu progressiv macht er Ihnen bereits beim Erklingen der ersten Takte Avancen, die nächsten 7/8 des Abends auf der Tanzfläche zu verbringen. Dies geschieht im besten Falle mit Ihnen gemeinsam – im Zweifel aber auch alleine.

Da wo ein normaler Mann bereits mit der Biertheke verschmolzen ist, gibt *er* sich ganz den Klängen des Alleinunterhalters und/oder Orgelspielers hin. Limbo, Rumba, Lambada oder Salsa, Tango und Cha-Cha-Cha – er kennt und kann sie *alle*! Und das lässt er die anderen auch wissen, denn für ihn ist Merengue mehr als nur Zuckerrohrschnaps!

Gerade beim Walzer oder Discofox wächst er über sich hinaus und feudelt Sie unbarmherzig über die Tanzfläche. Sie sollten allerdings nicht zu viel erotisches Potenzial in diese gut getakteten Bewegungen hineininterpretieren. Zum einen, weil das generalstabsmäßig geplante Programmruntertanzen beim Durchschnittsdeutschen ohnehin wenig von südamerikanischer Lässigkeit hat. Zum anderen, weil Sie sich ernsthaft fragen sollten, warum dieser Mann sich derart fürs Tanzen begeistert.

Und überhaupt: Warum hat er Ihnen nicht einmal an den Hintern gelangt?

Was sollte das mit dem rosa Einstecktuch?

Und wieso zur Hölle hatte er weiße Tiger dabei?

Waren es nicht wunderbare Bilder, wie sich die verheulte Sabine Christiansen weiland an die Trost spendende Brust Ihres Tanzpartners Udo Walz geschmiegt hatte … Na, eben.

Was uns zu einem anderen Modell bringt:

Die Sonderedition »Guido«

Diese besonders in Köln geschätzte Variation des Mannes ist für viele Frauen ein echter Renner. Optisch ansprechend, mit einem gewissen Stil ausgestattet, nett, höflich und verständnisvoll.

Gerade sein für normale Männer schier unmöglicher Zugang zur weiblichen Seele macht ihn zum absoluten Hit. Nicht selten sieht man den »Guido« an der Seite gewohnheitsmäßig gefrusteter Großstadtfrauen, denen permanentes Scheitern auf dem Single-Markt sichtlich zugesetzt hat. Als emotionaler Aufbauhelfer eignet er sich vortrefflich, hat er doch häufig mit ähnlichen Erfahrungen aufzuwarten. Und zwar mit eben demselben Geschlecht.

Davon abgesehen interessiert er sich brennend für aktuelle Mode und Pflegeprodukte. Was ihn zum perfekten (Kosmetik-)Berater macht.

Außerdem taugt er als akustisches Alarmsignal für stylingtechnische Missgriffe, da die schlecht sitzende Frisur, mit der Sie bei ihm auftauchen, für ein minutenlang anhaltendes infernalisches Kreischen sorgt. Das garantiert Ihnen einen stets tadellosen Look.

Obendrein bildet er einen perfekten Ersatz für die ja sonst recht unzuverlässige, ja, nicht selten schlangengleiche »beste Freundin«, die Ihnen bei erstbester Gelegenheit ein rostiges Messer ins Kreuz jagen würde, wenn sie es denn müsste. Der »Guido« nimmt Sie mit in die angesagtesten Clubs, in denen es vor stylischen, gut aussehenden Männern nur so wimmelt – mit dem kleinen Haken, dass sie höchstwahrscheinlich eher in 10-Zentimeter-Knallpumps den Mont Blanc hinaufsprinten würden als mit auch nur einem von denen in der Kiste zu landen.

Sie sollten sich also ernsthaft überlegen, ob dieser Mann sie

dauerhaft hormonell nach vorne bringt. Davon ab sind die meisten Schwulen es wohl auch leid, von Großstadtfrauen als Accessoire genutzt zu werden. Aber vielleicht liege ich da auch falsch.

Ach ja, so manch einer ist auch »bi«. Aber nicht vergessen: Bi ist auch schwul.

Das Sondermodell »Beau«

Ganz im Gegensatz zum Modell »Guido« ist bei diesem Sondermodell Beschlafung durchaus denkbar. Lediglich die Zeit dazu dürfte knapp werden, da der Beau zwar weidlich zum Prahlen taugt: 1,90 Meter Länge, der Körperbau eines senegalesischen Antilopenhetzers und eine Gesichtssymmetrie, die jeden Geometriker zum Heulen bringen würde.

Nur werden Sie ihn kaum zu Gesicht bekommen, da der Beau dermaßen auf sein Äußeres bedacht ist, dass selbst Ihr Beauty-Stundenprogramm entspannt dagegen wirkt. »Spa« ist für ihn nicht nur eine Stadt in Belgien, in der Schumi diverse Wasserschlachten gewinnen konnte, sondern eine Lebenseinstellung.

»Wellness« und »Grooming« sind ihm ebenso wichtig wie Mani- und Pediküre. Wo andere Männer mit der Hornhaut unter Ihre Quanten 9-Millimeter-Geschosse abwehren könnten, hätte der Beau keine Probleme, mit seinen perfekt gepflegten Füßen Salat zuzubereiten und zu servieren.

Seine Haut ist porentief rein und verfügt über eine Feuchtigkeit, mit der allenfalls noch Michel Friedmans Haar konkurrieren kann, womit wir allerdings auch in den Bereich der Problematik vordringen: Für gewöhnlich hat die Frau das Bad komplett für sich. Die komplette Pflegeserie des Normalmannes – Duschgel, Zahnbürste, Deoroller – nimmt in der Regel 2,7 % des Gesamtvolumens Ihres Badezimmerschränkchens ein. Beim Beau ist das etwas anders. Da verkommt die Platz-

verteilung gerne mal zum hygieneartikeltechnischen Graben-
kampf. Da werden Claims abgesteckt und es wird um wenige
Zentimeter Keramik gekämpft, auf denen sich noch Lotionen
oder Flakons abstellen lassen. Er verfügt über eine derart gewaltige Palette an Pflegeprodukten, dass man damit vermutlich sogar die Ludolfs auf Normalmaß schmieren könnte. Na
ja, … vielleicht nicht unbedingt die Ludolfs, aber 'ne Menge
isses dennoch.

Damit herrscht also in puncto Platzverteilung schon reichlich
Krisenpotenzial. Über den Faktor »Zeit« haben wir da noch gar
nicht gesprochen.

Sollten Sie also vorhaben, mit Ihrem tollen Mann auf irgendeinem Event zu erscheinen, rechnen Sie in etwa 2 + 2 Stunden
Vorbereitungszeit ein, statt der für Sie üblichen 2 + 0,02 Stunden. Oder Sie ziehen mit Ihrem Schminkkrempel gleich an den
Wohnzimmerspiegel.

Er ist ja stärker als Sie.

Was nicht zuletzt daran liegt, dass er auch noch exzessiv Sport
betreibt. Selbstredend geht er jeden Tag ins Gym, um
seinem Body-Mass-Index steten Kursgewinn zu bescheren. Zwei Stunden Eisenbiegen und Laufband
müssen drin sein. Zur Not aber auch gerne in
Spandex-Pelle draußen.

Und falls es mal beruflich etwas länger
gedauert hat, dann sollten sie sich nicht
weiter daran stören, dass um halb zwei
nachts halt für anderthalb Stunden der
Crosstrainer im Schlafzimmer rattert.
Klar, schön ist das nicht – aber er.
Wie bitte? Wo der Sex bleibt? Heute
nicht – er ist jetzt ziemlich kaputt von dem
ganzen Sport.

Spandex – nichts
umschmeichelt
ein Männerbein
eleganter

ZUSÄTZLICHE FEATURES

Kommen wir noch zu ein paar Features, die Sie zwar – materiellen wie zeitlichen – Aufpreis kosten, die Sie aber dennoch zu schätzen wissen werden:

Das perfekte Lächeln

Wenn tägliche Vormittags-Talkshows zu Ihren präferierten Fernsehsendungen zählen, dann werden Sie es möglicherweise gar nicht wissen, aber: Ein ordentliches Gebiss zählt 32 Zähne – und nicht sieben. Und ein schönes Lächeln gilt – ähnlich wie gepflegte Hände – nicht umsonst als Visitenkarte.

Um Ihren Mann dorthin zu bringen, empfiehlt sich strikte Pflege wie z. B. dreimal täglich Zähneputzen sowie das konsequente Benutzen von Zahnseide und Mundwasser. Sollte es allerdings schon so weit sein, dass Sie dafür Taue und Säure erwägen, rate ich gleich zu anderen Mitteln.

Erst einmal wäre eine gründliche Zahnreinigung und Zahnsteinentfernung vonnöten. Sollte der Zahnarzt beim Anblick der umbrafarbenen Kauruine Ihres Mannes entnervt mit Hammer und Meißel anrücken – gehen Sie doch einfach mal in Ruhe derweil zwei bis zweiundzwanzig Kaffee trinken.

Sollten zur Komplettierung der Kauleiste noch ein paar Zähne fehlen, sparen Sie sich das Geld für Ihre Implantate und gönnen Sie erst mal ihm welche. *(Im Mund, Herrgott!)*

Die heutige Zahntechnik macht es ja schon möglich, die Farbe des Gebisses diverse Nuancen nach oben zu schrauben, z. B. von »Urinsteingelb« auf »Blütenweiß«. »Bleaching« nennt sich das Ganze und kann im Bestfalle für ein hollywoodeskes Superstarlächeln sorgen, um das Sie Ihre Nachbarn beneiden werden. Kann allerdings auch schiefgehen, und Sie haben plötzlich einen Mann daheim, der aussieht als würde er jeden Morgen erst mal mit Tipp-Ex gurgeln. Davon rate ich ab.

Rhetorische Fähigkeiten

Nicht jede Frau schätzt rhetorische Behändigkeit beim Mann. Was praktisch ist, da der Mann in der Regel nicht mehr benötigt als ein paar klare Laute, um Hunger anzuzeigen, Durst, Freude oder kurz bevorstehendes Ableben – wobei Letzteres möglicherweise auch nur ein Schnupfen oder ein eingewachsener Zehennagel sein können.

Dass Frau den geringen Wortschatz bei ihrem Mann klaglos hinnimmt, mag unter anderem daran liegen, dass sie von ihm grundsätzlich keine Antwort erwartet, sondern ihn eigentlich nur zur Verklappung ihrer eigenen Sorgen und Nöte braucht. Da wären kurze Zwischenfragen oder gar wohl formulierte Antworten nur störend.

Dennoch gibt es die eine oder andere, die rhetorische Wendigkeit bei einem Mann durchaus zu schätzen weiß. Sei es im Zwiegespräch (wofür das aber eigentlich nicht nötig ist) oder bei gesellschaftlichen Anlässen, wo ein Verbalakrobat sicherlich Eindruck bei den anderen schinden dürfte.

Geist ist sexy – und die Simulation von Geist auch. Insofern ist es gar nicht wichtig, ob der Mann tatsächlich was in der Birne hat oder nicht. Aber das bisschen, was vorhanden ist, können Sie mit dem richtigen Sprachschatz vortrefflich schmücken.

Sollte es also so sein, dass der Mann nicht mit einem ebensolchen bei Ihnen angeliefert worden ist, dann können Sie dennoch – praktisch durch die Hintertür – daran kommen, z. B. indem Sie seine bislang präferierten Magazine wie z. B. Sport Bild, Prisma, Bussi Bär und Co. Richtung Altpapiertonne verbannen und gegen Zeitschriften wie P.M., GEO oder Spiegel austauschen.

Um nicht zu heftig einzusteigen: Den Spiegel gibt es jetzt auch in einer leichter verdaulichen Variante für die Kleinsten, also als »Kinder Spiegel«.

Ich versichere Ihnen, mit der nötigen Sorgfalt und Geduld werden Sie es hinbekommen, seinen Sprachschatz derart zu pimpen, dass er schon bald die vollen 160 Zeichen einer SMS wird ausnutzen können, anstatt nur das übliche Viertel.

Falls Sie es für nötig halten, können Sie ihm natürlich auch noch echte Fremdsprachen angedeihen lassen. Spanisch oder so. Aber vielleicht geben Sie ihm auch einfach schlicht die Gelegenheit, sich mal ordentlich einen brettern zu gehen … der südkoreanische Dialekt, den er dann sprechen wird, hat ja auch was.

Der Kunstchip

Der Kunstchip ist nicht bei jedem Mann implantiert. Im Grunde genommen bei fast gar keinem. Jede Frau wird ihn kennen, diesen Blick ihres Mannes, wenn er sich eine Skulptur anschaut und seine leeren Augen zu fragen scheint: »Ist das Kunst, oder kann das weg?«

Sollten Sie zu der seltenen Gattung Frau gehören, die das Glück hat, einen Kunstsachverständigen oder anderweitig musisch begabten Mann an ihrer Seite zu haben, freuen sie sich, bei Museums- oder Theaterbesuchen nicht mehr alleine zu sein. Sie sollten sich allerdings auch darüber im Klaren sein, dass ab sofort unbeschwerte und launige Momente kaum noch möglich sein werden. All das Gewimmer, das Gejammer, das Herumgephilosophieren. Die unerträgliche Leichtigkeit des Mit-ihm-zusammen-Seins. Zu durchgeistigt wird Ihnen Ihr Mann gegenübersitzen, zu grüblerisch wird er da hocken und über Form, Farbe und Inhalt all dessen sinnieren, was sein Auge erfasst. *Auch über Sie!* Wollen Sie das?

Und wollen Sie dann auch, dass er Ihnen aus Erdnussbutter schon morgens schöne Skulpturen bastelt? Oder das spontane Aufspringen aus dem gemeinsamen Bett nachts um halb vier, um seinem kreativen Geistesblitz freien Lauf zu lassen und ab sofort mit Gitarrenbegleitung den Kitt aus den Fenstern zu jammern?

Und dann dieses ständige Gelaber, dieser interpretatorische Hagelschauer, der mittlerweile bei jedem Theater- oder Museumsbesuch über Sie hinwegrauscht. Mensch, was wäre das schön, jetzt noch einen klassisch stumpfen Mann an der Seite zu haben. Der ist artig, wenn auch unwillig mitgekommen und hat fein die Fresse gehalten. Kann auch mal ganz schön sein. Kunst so im Stillen zu genießen.

WEITERES ZUBEHÖR

»Zubehör« ist, das gleich vorweg, ein natürlich sehr dehnbarer Begriff. Ein Begriff, dem wir hier aber gern gemeinsam beikommen möchten. Gehen wir mal davon aus, dass Sie an dieser Stelle in erster Linie an fest installiertem Zubehör interessiert sind. Insofern nähern wir uns hier mal einigen der populärsten Zubehörteile.

Das Hörgerät

Die Gründe, warum Ihr Mann nicht auf Ansprache, Zuruf oder schlichtes Ankreischen reagiert, können vielfältig sein. Zum einen, weil er die von Ihnen übermittelten Informationen schlicht kognitiv nicht umsetzen kann, z. B. in Fragen wie »Denkst du, Brad Pitt wünscht sich noch mehr Kinder von Angelina Jolie?« oder »Das sonnenblumengelbe Kleid oder das zitronengelbe?« Zum anderen, weil er die von Ihnen – teils vehement – übermittelten Informationen nicht verstehen *will*, z. B. »Du, ich glaub', die Mülleimer sind beide voll!«

Möglicherweise aber sind auch seine Gehörgänge defekt, verstopft oder irreversibel beschädigt. Das hat den Vorteil, dass Sie in Zukunft unreflektiert über ihn in seiner Gegenwart herziehen und abledern können. Der Nachteil daran ist natürlich, dass da in Zukunft überhaupt nix mehr geht. Also, *kommunikativ* …

Zum Glück ist gegen die Taubheit zwar kein Kraut, aber dafür technisches Gerät gewachsen: das Hörgerät, mehr oder minder auffällig an der Ohrmuschel Ihres Mannes angebracht, kann die schlimmsten akustischen Probleme beheben.

Einen Satz wie »Du könntest auch mal den Staubsauger in die Hand nehmen« wird er natürlich weiterhin überhören.

Der Herzschrittmacher

Das Herz ist der Motor des Mannes. Und davon hat er reichlich eingebaut, so viel ist klar. Das werden Sie sicherlich schon festgestellt haben.

Leider ist es mit dem Herzen wie mit anderen Motoren auch: Sie verlieren an Leistung, möpseln ab, laufen nur noch auf drei Pötten, kurz: Da geht irgendwann nicht mehr viel.

Okay, wenn Sie es jetzt mit einem sehr wohlhabenden – oder zumindest nur schwer erträglichen – Modell zu tun haben, dann können Sie dieser Entwicklung getrost zusehen und geflissentlich die Zukunft als Single planen.

Da Sie Ihren Mann aber für gewöhnlich nicht abwracken können, und Männer ohnehin zu gut sind, um sie verkommen zu lassen, empfiehlt sich auch hier technisches Zubehör: der Herzschrittmacher.

Der sogenannte Pacemaker ist ein elektrisches Gerät, das den Herzmuskel bei zu langsamem Herzschlag regelmäßig zur Kontraktion anregt. Gut, sicher, Sie können natürlich auch Geld sparen und das Ganze einfach durch Handauflegen und Pumpen selbst erledigen – dann sollten Sie sich allerdings die nächsten rund 37 Jahre nichts Großes mehr vornehmen. Abgesehen davon wird das Gerät in der Regel ja auch im Körper Ihres Mannes implantiert, und es scheint mir doch mehr als fraglich, ob Sie Ihrem Mann permanent am offenen Herzen rumpantschen wollen.

An dieser Stelle sei nicht nur angemerkt, dass ein Herzschrittmacher zum wohl wichtigsten Zubehör Ihres Mannes werden kann. Darüber hinaus kann der Preis für das Flottmachen des männlichen Motors ein hoher sein – womit ich noch nicht mal von monetären Belangen spreche. Nein, wenn Sie sich entschieden haben, dem Motor Ihres Mannes ein »Chip Tuning« zu verpassen, sollten Sie wissen, dass ein Gerät wie der Herzschrittmacher empfindlich auf diverse elektromagnetische Felder reagiert und Sie Ihren Mann künftig fernhalten sollten u. a. von:

- Rasierapparaten,
- Lötkolben,
- Mobilfunkgeräten,
- Bohrmaschinen,
- Tischsägen,
- Lautsprecheranlagen,
- Heizkissen,
- Fernsteuerungen und
- Magneten.

Es könnte also darauf hinauslaufen, dass Sie in Zukunft mit einem Mann leben müssten, der unrasiert ist, nie ans Telefon geht und sich außerstande sieht, selbst die kleinsten handwerklichen Aufgaben zu erledigen – aber möglicherweise geht's Ihnen ja bereits jetzt so.

Obendrein sollten Sie Ihren Mann von Diebstahlsicherungsanlagen in Kaufhäusern fernhalten, sprich: ihn besser gar nicht erst zum Shoppen mitnehmen. Klar, erst wird er sicher traurig sein, aber wenn Sie es ihm erklären, wird er das sicher schnell verstehen und Sie allein losgehen lassen.

Sie können diesen Umstand natürlich auch in einen weiteren

Vorteil ummünzen, denn immerhin wird an Flughäfen besonders auf die Belange von Männern mit Herzschrittmachern reagiert und diese behutsam an dem lästigen Metalldetektor vorbeigeführt. Seien Sie schlau und verstecken Sie vor Ihrer Abreise die teuren Luxusgüter wie Uhren, Schmuck, Zigaretten und/oder Korallen nicht im Koffer, sondern in der Kleidung Ihres Mannes, wenn nicht gleich noch viel besser *in* Ihrem Mann – sein verkniffenes Gesicht müssen Sie dann halt mal billigend in Kauf nehmen.

Apropos »verkniffenes Gesicht«:

Piercings

Piercings können eine wunderbare Sache sein und Ihren Mann wunderbar kleiden. *(Ach, er ist gar kein Lendenschurz tragender Polynesier, der glaubt, dass ihm ein Kamerablitz die Seele klaut?)* Ich denke, wir sind uns dennoch einig, dass Piercings keinen einzigen praktischen Nutzen haben. Sicher, Sie werden jetzt sagen, dass dieser schöne Schmerz Ihrem Mann eine ganz besondere Form der Erregung verpasst. Zu diesem Zweck können Sie ihm aber eigentlich auch allmorgendlich kurz unbürokratisch in die Gonaden treten – das hat einen ähnlichen Effekt.

Nun gut, gehen wir mal davon aus, dass Sie Ihren Mann davon überzeugen konnten, sich kiloweise Metall durch die Haut zu jagen, also z. B. durch die Augenbraue, die Nase oder die Lippen. Dann sollten Sie sich allerdings auch sicher sein, dass das Metall künftig drin bleibt, andernfalls drohen später unschöne Perforationen, die z. B. beim Trinken Probleme bereiten können. Abgesehen davon sieht es halt einfach doof aus, wenn ihm der Kaffee wie beim Rasensprenger unten durch die Unterlippe wieder rausläuft.

Möglicherweise wollen Sie ja auch mit der Lochzange seinen erogenen Zonen beikommen. *(Jaja, Sie haben mich erwischt, eigentlich gibt es nur eine – aber wir wollen die Brustwarze jetzt mal mitzählen.)* Die Brustwarze hat ohnehin keine wirkliche Funktion, außer im Winter hart zu werden – da kann man ihr auch schon mal 'nen Ring oder Stab durchjagen. Hier muss ich dann mahnend den Zeigefinger heben, bloß keine Ketten oder Ähnliches zu tragen, denn wenn sich bei allzu heftiger Matratzengymnastik Ihr Geschmeide mit seinem Nippelpiercing verhakt, dann können Sie auf jeden Fall schon mal Eimer und Aufnehmer aus der Rumpelkammer holen. Und von Metall am Kopf seines kleinen Freundes wollen wir erst gar nicht sprechen … aua.

Wenden wir uns lieber Zubehör zu, das nicht direkt an seinem Körper angebracht ist und ihm deutlich mehr Freude machen wird, als Blech direkt durch die Weichteile gejagt zu bekommen – so viel steht fest.

Werkzeug
Natürlich umreißt der Begriff »Werkzeug« ein weites Feld. Aber ebenso breit, wie der Begriff gefächert ist, so sehr kann sich Ihr Mann eben auch für all diejenigen Instrumente begeistern, mit denen sich hämmern, sägen, bohren oder schrauben lässt. *(Sehr gut auch in dem Hollywood Bastel-Blockbuster »Hostel« zu sehen.)*
Der Zukauf von Zubehör dieser Art kann natürlich vor allem Ihnen nützlich sein, ist Ihr Mann doch bestrebt, durch seine neuen Instrumente Missstände im Haus selbsttätig zu beheben und etwaige Verschönerungen im Alleingang durchzuführen. So können Sie langfristig sehr viel Geld sparen.
Lassen Sie ihn allerdings nicht alleine dabei und/oder vergewissern Sie sich, dass die Aufgabe, die er sich vornimmt, nicht seine Fähigkeiten übersteigt. Sonst werden Sätze wie »Dafür lassen wir doch keinen Handwerker kommen!« das Letzte sein, was Sie jemals von ihm hören werden.

Übrigens sollten Sie diese Überwachung nicht allzu nachlässig angehen, da Ihr Mann so programmiert ist, dass er Ihnen blind vertraut, z. B., dass Sie vorher die Sicherung rausgemacht haben. Haben Sie doch, oder?
Riecht es hier verbrannt?

Die handwerkliche Entwicklung Ihres Mannes ist kein Selbstläufer. Nein, Ihr Mann will gefordert und gefördert werden. Und Ihr Lob ist ihm dabei sehr wichtig. Quittieren Sie sein selbst gebasteltes Gewürzregal nicht bloß mit einem gequälten Lächeln. *(Klar, sicher, es stehen mindestens drei Nägel offen heraus, »Statik« hält er offenbar für eine Kaugummisorte, und überhaupt ist das ganze Ding ein Sicherheitsrisiko – aber ehrlich: War Ihr erster selbstgetöpferter Aschenbecher eine Offenbarung?)* Nur durch positive Bestätigung wird sich Ihr Mann seiner tragenden Rolle im Hause bewusst bleiben und sein »Facility Management«-Programm auf weitere Levels gehoben werden.

Im Misserfolgsfalle, sprich: Ihrem Versagen, kann es nämlich passieren, dass Ihr Mann sowohl Hammer als auch Zange nur noch zu einem Zwecke gebrauchen wird, nämlich: Möglichst schnell und Öffner-frei den Kronkorken von der Bierpulle zu bekommen. Das kann es ja nicht sein. *(Obwohl die entwickelten Techniken mitunter beeindruckend sind.)*

Hier können Sie neue Reizpunkte setzen, indem Sie das Werkzeug etwas aufpeppen bzw. schlicht motorisieren. Eine **Bohrmaschine**, respektive Schlagbohrmaschine wird seinen Blutdruck höher treiben als Sie in Strapsen *(nix gegen Sie, sieht bestimmt toll aus)* und ein **Schwingschleifer** löst sicherlich mehr in ihm aus als ein Stück Sandpapier (zumal er das Gefühl ja schon von seinem Hintern kennt).

Schenken Sie ihm eine Hilti, und er wird den ganzen Sommer lang Freude daran haben – und Sie einen formschönen Durchbruch vom Esszimmer … zum Bad.

Sie müssen einfach verstehen, dass Ihr Mann die gestalterische Kraft schätzt, die von Gewalt ausgeht. Die Macht, mit bloßer Kraft etwas verändern zu können. (Übrigens auch der Grund, warum viele Männer den Boxsport lieben. Wann lässt sich derartig schnell das Gesicht des Gegenübers ummodellieren?) Doch davon erst einmal genug.

Die Technikbegeisterung Ihres Mannes wird allerdings erstaunlich schnell an ihre Grenzen stoßen, gesetzt den Fall, dass Sie einen **Staubsauger** für geeignetes Zubehör halten. Ist er nämlich nicht. Die Erfahrung, mit ansehen zu müssen, wie er planlos mit dem Rohr gegen sämtliche Ecken und Kanten stößt und sich obendrein im Kabel verheddert, kann Ihnen doch auch nicht gefallen. So etwas Entwürdigendes.

Wenn Sie ihrem Mann sinnvolle Technik angedeihen lassen wollen, statten Sie ihn mit einem **Rasenmäher** aus. Die Möglichkeit, im heimischen Garten Herr über Wiesen und Sträucher sein zu können, kitzelt seinen eingebauten »Imperator Chip«.

Sie sollten allerdings erwägen, ihn gleich auf einem Aufsitzmäher zu platzieren. Zum einen wird ihn das ständige Hin- und Herschieben des Handmähers ermüden bzw. der Stromschlag beim Überfahren des Kabels schlicht töten, zum anderen: Wenn Ihr Mann die Möglichkeit wittert, auf einem Motor Platz zu nehmen, wird er diese auch wahrnehmen wollen.

Klar, Sie müssen seinem Flehen nicht nachgeben. Dann sollten Sie allerdings in der Lage sein, den Satz »Krieg' ich einen Aufsitzmäher?« ca. 12 857 Mal am Stück zu ertragen – und das bereits vor dem Frühstück!

Also, einfach kaufen und 'nen Haken dran machen. Abgesehen davon: So einen schön gemähten 2-Quadratmeter-Vorgarten werden Sie nie wieder haben.

Selbstverständlich könnten Sie ihren Mann jetzt auf seinem Aufsitzmäher durch die Pampa rattern lassen, bis er zur Erdkrume vorgedrungen ist. Wenn Sie ihm aber eine *richtige* Freude machen wollen, dann lassen Sie ihm etwas zukommen, was er noch mehr schätzen wird als seine Mutter:

Das Auto

Soviel sei vorweg erwähnt: Das Auto ist zwar in erster Linie *seine* Docking Station. Aber natürlich genießen *Sie* bei Beachtung folgender Hinweise sämtliche Vorteile, die ein Mann im »Shuttle Modus« nur bieten kann. Darunter:

- sicheres gemeinsames Pendeln zwischen A, B und C,
- Transport leichter, mittlerer und schwerer Lasten,
- bequemes Reisen auch auf langen Strecken,
- stilvolles Sightseeing in Neubau- und Naherholungsgebieten und ähnlichen Gefilden,
- Regeneration und Akkuaufladung Ihres Mannes durch solitäres »Cruisen« um Eisdielen und Ausflugslokale.

Kurz: Frauen genießen speziell die Chauffeursfunktion gerade deshalb besonders, weil sie naturgemäß zu reibungslosem Fahr- bzw. Parkverhalten selbst kaum in der Lage sind. *(Das klingt hart, ich weiß.)*

Ursprünglich als kürzeste Verbindung zwischen zwei Punkten gedacht, hat sich das Automobil schnell zum möglicherweise emotionalsten Zubehör, ja Körperteil Ihres Mannes entwickelt. Hacken Sie Ihrem Mann einen Finger ab – er wird es kaum merken. Nehmen Sie ihm das Auto weg – und er fällt in ein Loch von der Tiefe des Andreasgrabens.

Dabei ist es durchaus nicht egal, für welches Fahrzeug Sie sich entscheiden. Vor allem Design und Motorisierung sind entscheidend. Falls Sie also beabsichtigen sollten, ihn mit einem Opel Corsa »Steffi« oder Hyundai »Latrina« zu begeistern, können Sie ihm theoretisch auch die Haut mit einem stumpfen Eierlöffel abziehen. Das mal nur so als Beispiel.

Übrigens: Ein Kombi mit zwei Kindersitzen und eingebautem Golden Retriever im Kofferraum wird bei ihm den »Escape-Modus« auslösen. Könnte also bedeuten, dass Sie morgen früh das gemeinsame Rührei nur noch mit zwei Eiern machen müssen.

Der langen Rede kurzer Sinn: All die Gerüchte, dass ein Kfz eine Art Ersatz für den Penis Ihres Mannes ist, sind Blödsinn. Ein Kfz ist eine *Ergänzung*!

Ja, vielleicht die metallene Garantie auf die sonst schmerzlich vermissten letzten fünf Zentimeter – und es erspart Ihnen so möglicherweise den frustrierenden Penispumpen-Einkauf im Sanitätshaus »Eros« auf der Reeperbahn.

Ein Automobil kann aus Ihrem Mann Prozente an Leistungsvermögen herauskitzeln, von denen Sie nie zu träumen gewagt hätten. Gerade deshalb sollten Sie beim Kauf dieses Zubehörs darauf achten, dass sämtliche Sensoren und Synapsen schnappen werden, um der gesteigerten Blutzirkulation im Schoß Tür und Tor zu öffnen.

Optisch wäre deshalb eine möglichst sportive Silhouette angebracht, an deren Mit- und Ausgestaltung Sie natürlich beteiligt sind. Den ein oder anderen regional oder sozial bedingten Ausreißer nach unten können Sie so sicher verhindern. Als da wären: ein heulender Wolf oder das letzte Einhorn heulend im Mondschein auf der Motorhaube, ein Türsteher-Tribal auf der Heckscheibe sowie Plastikfront- und Heckschürze (natürlich *nicht* in Wagenfarbe). Haben Sie Ihrem Mann erst einmal erfolgreich die 22-Zoll-Chromfelgen, die Sub-Asphalt-Tieferlegung und die changierende Gold-Lackierung ausgeredet, kann einem unterhaltsamen »Ausritt« kaum noch etwas im Wege stehen. Außer Ihrem Mann natürlich.

Die Verbindung zwischen Mann und Mobil ist eine hochkomplexe, die mit anderem Zubehör kaum zu vergleichen ist. Ähnlich wie bei Rasenmäher und Scherblatt, wo man bei laufendem Betrieb auch kaum dazwischenfassen sollte, gilt auch bei Mann und Auto: Sehr vorsichtig und pointiert vorgehen, um etwaige irreversible Schäden zu vermeiden!

Immer wieder wurde mir berichtet, dass Frauen an ihrem Mann Wesensveränderungen festgestellt haben, sobald sie ihn an das Fahrzeug angedockt haben. Das ist normal und richtig, da der Mann ab Betätigen der Zündung unter einer anderen Spannung und deshalb naturgemäß anders läuft.

Gewohnheitsmäßig synchronisiert sich der Mann mit dem PS- bzw. dem Drehzahlmesser des Motors, was mitunter zu unliebsamen, aber erwartbaren Überraschungen führen kann.

Nehmen Sie also auf dem Beifahrersitz Platz und lassen Sie vor allem folgende Situationen entspannt passieren:

- Ihr Mann neigt zu **Aggressionseruptionen** und **Autoaggressionen** der heftigsten Art – ein normales Verhalten, das vor allem bei Staus, roten Wellen oder Reißverschlussverfahrensfehlern auftritt. Hier schaltet der Mann ab einem Blutdruck von ca. 240/130 in den »Kinski-Modus«, um frühzeitig Dampf abzulassen. Bei gesteigerter Transpiration sollten Sie lediglich die Lüftung betätigen, um die beschlagene Windschutzscheibe wieder freizukriegen. Falls Teile des Lenkrades herausgebissen sind – beizeiten einfach erneuern.

- Ihr Mann überschreitet die zulässige **Höchstgeschwindigkeit** um mindestens das Doppelte – ein ebenfalls erklärbares Verhalten, da Ihr Mann den roten Kreis um die abgebildete Zahl auf dem Schild als »mal zwei« deutet und entsprechend reagiert. Im Zweifel sollten Sie lediglich Schulranzen und Rollatoren vom Kühlergrill entfernen. Das sieht unschön aus.

- Ihr Mann bremst unerwartet, um auszusteigen und den **Mitverkehrsteilnehmer** schlagartig und trittweise auf Verkehrsgebote hinzuweisen – hier handelt es sich nur vordergründig um ein Verhalten, das auf Punkt 1 fußt. Viel mehr allerdings greift ein Mechanismus, der wieder ganz dem Security-Automatismus Ihres Mannes zugeordnet werden kann. Hier handelt es sich ausschließlich um eine Präventivmaßnahme, die das Ziel hat, Schaden von Ihnen abzuwenden. Oder um dem verquasten Scheiß hier ein Ende zu machen: Bevor er durch seine Fahrweise weiteren Schaden anrichtet, wird der unbotmäßig fahrende Verkehrsteilnehmer körperlich zur Besserung ermahnt bzw. komplett aus dem Straßennetz entfernt.

Der Computer

Auch die bunte Welt der Elektronik hat es Ihrem Mann ange-
tan. Damit können Sie seinen Endorphin- und Adrenalinspei-
cher ungeahnt aufladen. Und mittendrin steht hier natürlich
der Computer.

Ich werde Sie nicht lange mit dem Grundsatz belästigen, dass
der Rechner natürlich eigentlich zum Arbeiten gedacht ist. Das
tut Ihr Mann natürlich auch – zumindest, wenn ausgedehnte
Internet-Recherchen und das Erlernen russischer Stoßseufzer
und Stöhngeräusche dazu zählen. Wesentlich mehr Spannung
und Attraktivität versprechen da schon die nächsten Zubehörteile aus den unendlichen Weiten des Unterhaltungselektro-
nik-Universums.

Der iPod

Dieses kleine Wunderwerk der Technik kommt in puncto
»Kultpotenzial«, ausgereifte Optik, Nutzen und weltweite Be-
gehrlichkeit Ihrem Mann bedenklich nahe. Wenngleich Ihr
Mann natürlich deutlich größer ausfällt – gesetzt den Fall, Sie
haben sich nicht für das Modell »Maffay« entschieden. Dann
allerdings werden Sie auch soundtechnisch Unterschiede feststellen. Egal, jedenfalls ist es nur logisch, dass diese beiden
Topseller zusammen eine kaum noch zu trennende Melange
ergeben.

Gerade bei modernen Technik-Gimmicks werden Sie bald
darauf kommen, dass Ihr Mann erst mit dem Andocken an
Geräte wie eben den iPod einen kompletten Eindruck macht.
Deshalb tun Sie gut daran, diesen Bedarf schnell zu erkennen
und zu handeln, noch bevor sein Mitleid erregender Blick, ste-
tes Quengeln oder gar permanente Niedergeschlagenheit gar
nichts anderes als einen Kauf mehr möglich machen.

Sie sollten sich übrigens keine Illusionen machen, was z. B.
den Speicherplatz angeht. Klar, natürlich umfasst sein mu-

sikalisches Repertoire in etwa eine Bandbreite, die auch locker auf eine 60er BASF-Kassette gebannt werden könnte – dennoch wird er Ihnen weismachen, dass sein Player auf keinen Fall unter die 32-Gigabyte-Grenze rutschen sollte. Besser wären eh 80 und grundvernünftig eigentlich ohnehin 160 GB.

Klar, Ihr Mann weiß auch, dass er all diesen Speicherplatz eigentlich nicht braucht, aber es beruhigt ihn zu wissen, dass er es *könnte*! Und er muss es wissen – schließlich verfährt er mit seiner eigenen Festplatte höchst ähnlich.

Abgesehen davon obliegt es ja auch ein wenig Ihnen, mit neuer Musik und digitalisierten Fotos für neue, aufs Medium gebannte Erinnerungen zu sorgen – Sie sind ja schließlich die Sammlerin, also, genetisch bedingt.

Jetzt, wo wir das haben, werden wir das Thema Handy nur kurz anreißen, um gleich auf ein technisches Gimmick zu kommen, für das ihr Mann sich von seinem bis dato sicher heiß geliebten Mobiltelefon sofort trennen wird:

Das iPhone
Hier kommt eigentlich alles zusammen, was Ihr Mann so liebt: Die besten Funktionen eines Handys, die volle musikalische Vielfalt eines MP3-Players sowie diverse Entertainment-Features wie Videos und Spiele. Eigentlich klar, dass sich Ihr Mann ohne wie amputiert vorkommen muss, wurde das »Tamagotchi der 00er« doch exakt auf ihn zugeschnitten.

Eines sollte Ihnen aber vorweg klar sein: Wenn Sie Ihren Mann mit diesem Extra-Tool ausstatten, werden Sie ihn vermutlich die nächsten Tage und Wochen nicht mehr allzu viel zu Gesicht bekommen. Zu sehr wird er sich mit seinem neuen verlängerten Arm auseinander setzen. Klar, am Ende wird er höchstwahrscheinlich noch nicht mal die Hälfte der zur Verfügung stehenden Möglichkeiten ausgelotet haben, während es mit dem Lesen der Bedienungsanleitung in einem Viertel der Zeit deutlich effektiver hätte laufen können. Aber bitte vergessen Sie nicht: Ein Mann liest keine Bedienungsanleitungen. *Niemals.* Frauen tun das. Sie tun das. Gerade eben. Hier. Doch lassen Sie ihn. Schon sehr bald werden auch Sie von den zahlreichen Zusatzfunktionen profitieren, mit denen Ihr Mann Ihrer beider Zukunft wird optimieren wollen. Diese Applikationen, kurz »Apps«, lassen sich problemlos und oft kostenfrei auf das Gerät laden, z. B. eine Wasserwaage, den Fußball Live-Ticker, News-Programme oder eine Taschenlampe. »Oft kostenfrei« bedeutet aber eben auch, dass manch anderes App kostenpflichtig ist. Ein Obolus, den Ihr Mann nur zu gern entrichten wird.

So könnte es also durchaus passieren, dass Sie in Bälde ein Finanzloch auf Ihrem gemeinsamen Konto erkennen, das der Größe Grönlands in nichts nachsteht. Dafür aber geleitet Sie der iPhone-Kompass künftig sicher in den Nordosten der Fußgängerzone Güterslohs, das südkoreanische Wort für »Butter«, »Cervelatwurst« oder »Halt endlich die Fresse!« werden Sie ebenso in Windeseile überliefert bekommen wie digitales iFlötenspiel, für welches ihm die gerade mal € 7,99 mehr als vernünftig investiert scheinen. Ebenso wie der aktuelle Körperfett-Pegel im dr-*i*-Stunden-Takt.

Vergessen Sie nie: Er tut das alles nur, um Ihren gemeinsamen Alltag zu bereichern! Na ja, und falls Sie wissen wollen, wie sehr Sie mittlerweile in den Miesen sind – er hat ja auch ein Online-Banking-App runtergeladen.

Übrigens: Falls Sie bei einem Telefonat mit Ihrem Mann Ihr eigenes Hörvermögen anzweifeln oder gar ihn am anderen Ende der Leitung in einem mittelschweren Taifun wähnen ... nein, mit dem iPhone kann man tatsächlich nahezu alles – außer vernünftig telefonieren.

Abgesehen davon sollten Sie sich nicht allzu sehr wundern, wenn bei Ihnen in Bälde SMS eingehen wie z. B. »wrrzztdxhrmmmppfff« oder »Sieg heil, Bonobo«. Das soll in 96 Prozent aller Fälle eigentlich »Bin gleich da, Schatz« bedeuten, da Ihr Mann aber aufgrund grober Motorik und bockwurstgleicher Finger den Touchscreen nicht adäquat bedienen kann, kommt halt so etwas dabei raus. Wenn ihm die vermeintliche Worterkennungshilfe T9 nicht ohnehin schon alles kaputtmacht.

Der Fernseher

Den liebt Ihr Mann. Natürlich in erster Linie deshalb, weil sein hochkomplexes und erstaunlich aufnahmefähiges Gehirn ständig auf der Suche nach neuen Reizen ist. Na, und wo werden seine Synapsen doller gefüttert als vor dem Fernseher?

Ich denke, wir sind uns beide einig, dass ein Röhrenbildschirm bei ihm in etwa so gut ankommen wird, wie ihm Bambussplinte unter die Fußnägel zu jagen. Selbstredend muss schon ein Flatscreen her, um ihn glücklich zu machen. Am besten gleich einer, der so groß ist, dass Sie ihn theoretisch gleich als tragende Wand ins Grundbuch eintragen lassen könnten. Denn Größe macht Ihrem Mann Freude. Doch natürlich nicht zum Selbstzweck, nein, Ihr Mann möchte lediglich keinen Millimeter von dem tollen Programm verpassen. Und das nur, um Ihnen später von all den tollen Dokumentationen, Sportereignissen oder erotischen Animationsprogrammen berichten zu können bzw. Sie an seinen neu gewonnenen »Skillz« teilhaben zu lassen.

Kommen wir abschließend zu einem Zubehörteil, das gerade im Hinblick auf obig genannte Artikel erst nicht so recht in die Reihe passen mag.

Dennoch ist es von elementarer Bedeutung. In den ersten Jahren noch recht aktiv, später dann zunehmend passiv, aber nicht minder emotional betrachtet.

Der Ball

Seit jeher ist der Mann fasziniert von dem Gedanken, jedwede Kugel zu beherrschen. Sehr schön zu sehen auch an all den vielen Männern, die im Laufe der letzten Jahrhunderte unser Erdenrund bereist, benannt und besiedelt haben: Vasco da Gama, Magellan, Marco Polo *(nein, nicht der mit den schönen Klamottenläden)*.

Sie müssen Ihrem Mann jetzt aber keinen Klaps auf den Hintern geben und ihn für die kommenden Jahre aufs nächstbeste Schiff setzen. Wenn Sie Ihn mal eine Weile nicht sehen wollen, kaufen Sie ihm einen Ball. (Im Gegensatz zu seinen Hosen darf der auch gerne aus Leder sein.)

Schießen oder werfen Sie ihn einfach in den Garten und warten Sie, was passiert: Wie ein Jack Russell Terrier auf LSD wird sich Ihr Mann auf die Pille stürzen und sich an dem Gerät ausprobieren. Mehr noch: Er wird sich mit anderen Männern zusammenrotten, um auf einer Grünfläche in der Nähe seinen Energiespeicher leerzurennen und mit etwas Glück sogar noch echte sportliche Erfolge zu erzielen. *(Natürlich nur, wenn Sie nicht das Modell »Capitano« erwischt haben.)* Das ist insofern eine gute Sache, als dass das Leeren seines Energiespeichers umgekehrt proportional zum Auffüllen seines Endorphinspeichers steht.

Wenn Sie also einen gleichermaßen fitten wie glücklichen Mann bevorzugen, sollten Sie sich dringend dieses billige und doch äußerst effektive Spielgerät zulegen. Kaum etwas ist von ähnlichem Wert für das Wohlsein Ihres Mannes wie die regelmäßige Aktivierung des »Spiel und Tob-Programms«. Eine Art »emotionale Entlüftung«, die durch fast nichts zu ersetzen ist und keine negativen Nebenwirkungen aufweist, mal abgesehen von kleineren Verletzungen wie Zehenbruch, Mittelfußprellung, Schien- und Wadenbeinbruch, Kreuzbandriss, Knorpelschaden, Schleimbeutelentzündung, Patellasehnenspliss, Kreislaufzusammenbruch, Herzinfarkt oder Ähnlichem.

WARTUNG UND PFLEGE

ERNÄHRUNG UND BEFÜLLUNG

Da ich in diesem schönen Buch häufig Analogien zum Automobil benutze, wird es Sie nicht überraschen, dass ich an dieser Stelle damit nicht aufhören werde. Um einen stabil laufenden, voll funktionstüchtigen Mann an Ihrer Seite zu haben, ist es unerlässlich, ihn regelmäßig zu befüllen. Dabei ist Treibstoff nicht gleich Treibstoff. Einen Diesel befüllen Sie ja auch nicht mit Super. *(Ach, tun Sie? Na, dann ...)*

Um diese Frage auch gleich zu beantworten: Nein, Ihr Mann läuft nicht mit Batterien! Bitte sehen Sie zu, dass Sie die wieder aus ihm rausholen! Apropos »holen«: Ihr Mann ist es nicht gewohnt, für seine Nahrung selbst zu sorgen. »Das war aber doch früher einmal so«, werden Sie jetzt zu Recht monieren. Stimmt! Aber dass das letzte Mammut bei Ihnen durch den Vorgarten gelaufen ist, ist ja auch schon eine ganze Weile her, oder?

Sie müssen dafür sorgen, dass der Mann zu essen auf dem Tisch hat. Es sei denn, er soll plötzlich anfangen, die Küchenmöbel anzuknabbern. Oder den Nachbarhund. Klar, Sie können ihn theoretisch auch zum Selbstversorger umerziehen, der sich selbst was Leckeres kocht. Aber auf dem Weg zum autarken Bratkartoffelbräter oder dem Rührei in Eigenproduktion wird es vermutlich drei komplette Küchen verschleißen.

TIPP Begrenzen Sie die Auswahlmöglichkeiten für ein von ihm selbst kreiertes Essen auf das Wesentliche. Wasser, Eier, Salz. Das spart Arbeit und schont Ihre Nerven.

TIPP zum TIPP Halten Sie stets ein Bündel an Ausreden parat, wenn er für Sie kochen möchte.

Die Befüllung Ihres Mannes besteht vornehmlich aus zwei Dingen: **Essen** und **Trinken**. Keines der beiden Dinge ist zu vernachlässigen. Wobei jedoch erwiesen ist, dass der Mann längere Zeit auf Essen verzichten kann als auf Trinken. Da kann es aber zwischen den Modellen »Calli« und »Juhnke« deutliche Schwankungen geben.

Der Kalorienverbrauch eines durchschnittlichen Mannes beträgt in etwa **2500 Kalorien** täglich. Um ihn auf Betriebstemperatur zu bringen, empfehlen sich in erster Linie drei »Tankstopps«: morgens, mittags und abends. Verwenden sollten Sie zur Befüllung eine ausgewogene Mischung aus Proteinen, Kohlenhydraten und Fetten. All jenes ist übrigens nicht enthalten in:

- Baumrinde,
- Altmetall,
- Lego-Steinen,
- Holzresten,
- Motoröl,
- Quecksilber,
- Cornflakes (die Packung hat deutlich mehr Nährstoffe),
- Altreifen,
- Wollresten,
- Hygieneartikeln und
- Kochbüchern.

Sollte Ihr Mann also nach ein paar Tagen spontan verenden, überlegen Sie sich, ob es so gut war, ihn tagelang mit Kohlebriketts zu befüllen. Als Faustregel sollten Sie beherzigen, dass Ihr Mann mit einem reichlichen Frühstück in den Tag starten, mittags anständig nachladen und abends eine bescheidene Portion zu sich nehmen sollte. Falls Sie seine zwei abendlichen Teller überbackenen Gyros für einen guten Maßstab halten, um daran die Frühstücksportion abzuschätzen – *bad idea*.

In letzter Zeit gehen immer mehr Menschen dazu über, ihre Mahlzeiten dezidiert auseinanderzunehmen und auf ihre Nährstoffe abzuklopfen. Das ist gut und richtig und für das Wohlbefinden Ihres Mannes ebenfalls eine gute Marschrichtung. War es früher noch fettes, schweres Essen, das Ihren Mann zum ganzen Kerl gemacht hat, ist man heutzutage davon völlig ab. Das sollten Sie auch sein. Um einen Mann zu haben, der für Sie lange attraktiv und fit bleibt, empfiehlt sich – neben Sport natürlich – eine gesunde Ernährung: Jeden Tag Schnitzel mit Pommes und Majo ist keine. Trennkost aber auch nicht. Zumindest dann nicht, wenn Sie nicht wollen, dass er die Trennkost künftig nicht wie folgt interpretiert: Er isst getrennt – *von Ihnen*.

Im Grunde genommen geht es nur darum, ihm ein Mittelding aus dem vorzusetzen, was ihm schmeckt, und dem, was ihm gut tut. Ihn dermaßen unter diätetischen Druck zu setzen, ihm den Küchenschrank derart leer zu räumen, dass er am Ende ernsthaft darüber nachdenkt, den Schrank selber zu fressen – das kann es doch auch nicht sein.

Ein Mann muss essen! Am besten Fleisch! Das liebt er, das erinnert ihn an seine Wurzeln. Das bereitet er sogar gerne selber zu! Zumindest im Sommer. Am Grill. Mit Bier. Zur Not auch roh!

Auch hier gilt es wieder einmal, auszutarieren, was er will (dreimal täglich Auerochse auf Cräcker) und dem, was vernünftig ist (ca. zweimal Fleisch pro Woche). Vergessen Sie nie, dass Essen zu den lustvollsten Dingen gehört, die er tun kann bzw. die *Sie* gemeinsam tun können. Macht er beim Essen also permanent ein Gesicht wie ein Steineklopfer im sibirischen Gulag *(nein, das ist kein Fleischgericht!)*, sollten Sie den Speiseplan dringend ändern. Oder zumindest aufhören, ihm beim Essen permanent was zu erzählen.

> **TIPP** Sind Sie sich nicht sicher, ob Sie Ihren Mann richtig ernähren? Werfen Sie einfach mal wieder einen genauen Blick auf ihn! Wenn er aussieht wie ein blanchierter Buckelwal, haben Sie ihn eindeutig zu fett ernährt! Hat er einen Body-Mass-Index wie eine Spanplatte, gilt das genaue Gegenteil.

Wenn Sie beabsichtigen, eine gemeinsame Diät zu machen – wunderbar, da macht er mit, da zieht er mit Ihnen an einem Strang, da lässt er Sie nicht alleine … zumindest so lange, bis er merkt, dass Sie das Programm länger als nur zwei Tage geplant haben.

> **TIPP** Begründen Sie Ihre Diät niemals mit dem Hinweis auf zu verlierende Pfunde, machen Sie aus Ihrem Abnehmkampf ein sportliches Event. Das versteht er, und wenn es am Ende einen Tabellenplatz oder eine kleine Urkunde gibt, kennt seine Begeisterung keine Grenzen.

Denken Sie immer daran: *Ein Mann muss ein Mann sein! Und so muss er auch essen!* Sie sind lediglich für die Feinjustierung, für kleine Korrekturen in seinem Essverhalten zuständig, z. B.:

- Regen Sie an, die Pommes zu seinem Beefsteak durch eine andere Beilage zu ersetzen.
- Erklären Sie ihm, dass Steak keine Beilage für Steak ist.

- Legen Sie stattdessen Salat oder gegrilltes Gemüse bei.
- Nehmen Sie ihm die Sauce Hollandaise weg, die er gerade auf den Salat kippt.
- Hindern Sie ihn am täglichen Benutzen der Brotback-maschine.
- Hindern Sie ihn vor allem daran, auch noch Frikadellen mit in die Brotbackmaschine zu werfen!
- Erklären Sie ihm, dass der »George Foreman Fettfrei Grill« nur dann einigermaßen Sinn macht, wenn er später nicht sein Baguette durch das Fett in der Abtropfrinne zieht.
- Entfernen Sie ca. 98 % aller Süßigkeiten aus seinem direkten Umfeld.
- Entfernen Sie anschließend auch die verbliebenen 2 %.
- Ja, auch den Mars-Riegel in der Friteuse.
- Erklären Sie ihm, dass Chips noch lange kein Gesundheits-snack sind, nur weil vorne »kein Zucker« draufsteht!

Wie eingangs erwähnt, ist das Trinken für Ihren Mann min-destens genauso wichtig wie feste Nahrung. Wenngleich er das manchmal vergisst. Es gibt nämlich Phasen, in denen er den Eindruck macht, dass ausschließlich das Trinken für sein weiteres Wohl und Wehe entscheidend ist. Und wenn er mit seinen Kumpels unterwegs ist, dann ist das tatsächlich auch so. Ich kann mich zumindest an keine Situation erinnern, in der ein Stück Pastete o. Ä. jemals ein adäquater Ersatz für Bier gewesen ist bzw. ein Grund, nicht sofort zuzuschlagen!

Ohnehin pflegt Ihr Mann ein geradezu leidenschaftliches Ver-hältnis zu Alkohol. Klar, das wissen Sie. Ohne den hätte er sich ja schließlich nie getraut, Sie anzusprechen *(bzw. er hätte Sie vielleicht nie attraktiv gefunden)*. Bitte sitzen Sie nicht dem Fehler auf, seine spontane Begeisterung für Alkohol als Grund-lage zu nehmen, ihm künftig ausschließlich eben diesen zu ver-abreichen. Denn speziell in großen Mengen genossen, wirkt sich Alkohol als lupenreines Gift für seinen Körper aus. Das spürt auch er. Speziell, wenn er Sie am nächsten Morgen mit einem Atem, mit dem man Tapeten ablösen könnte, zärtlich anhaucht. Alkohol ist für Ihren Mann zum einen ein probates Mittel, um den Alltagssorgen und dem Funktionsdruck, dem er allgegenwärtig ausgesetzt ist, zumindest für ein paar Stunden bzw. Promille zu entkommen. Davon abgesehen ist der Alkohol eine dieser besonderen Naturgewalten, denen er stets Herr zu werden versucht. Wer einmal beobachtet hat, welchen Kampfgeist ein Mann an den Tag legt, um eine Flasche Jack Daniels kleinzukriegen, der weiß, wovon ich rede. Ist es noch nötig zu erwähnen, dass er diesen Kampf stets verliert?

Nichts ist wichtiger als ausreichende Flüssigkeitszufuhr

Trotzdem: Lassen Sie ihm seinen Spieltrieb, lassen Sie ihm die Freiheit, sich am Korn, der Hopfenschorle oder dem Wein auszutoben. Dabei sollten Sie natürlich wieder die Oberhand haben, da Ihr Mann sonst selbst entscheidet, wie viel er auf Dauer vertragen kann – was früher oder später zu unschönen inneren wie äußerlichen Folgen führen kann, eine Nase wie eine frisch gepflückte Erdbeere zum Beispiel. Oder ein Bauch, mit dem er in der Sauna streng genommen kein Handtuch mehr braucht. Spätestens, wenn er auch noch zu hauen anfängt, sollten Sie ihm seinen Spritnuckel langfristig abnehmen. Davon abgesehen sind es ganz andere Flüssigkeiten, die Sie Ihrem Mann zuführen sollten, z. B. Wasser oder Apfelschorle. Die gleichen seinen Flüssigkeitshaushalt aus und liefern obendrein Mineralstoffe und dergleichen. Weißbier gilt gemeinhin zwar auch als isotonisch – nach dem achten hat es sich damit aber dann auch.

Übrigens: Auch wenn es in diversen Prekariatsbegaffungen im Privatfernsehen so verkauft wird – Cola, Fanta oder Sprite sind keine »Säfte«!

Ein Letztes noch: Bitte vertrauen Sie grundsätzlich nicht den Versprechungen, mit denen die Werbung Ihnen Produkte anzupreisen versucht. Die deutsche Nationalmannschaft etwa würde aus heillos verfetteten Bewegungsallergikern bestehen, würde sie sich ausschließlich von der »Sportlernahrung« Nussnougatcreme ernähren. Das Zeugs könnten Sie ihrem Mann theoretisch auch gleich subkutan in die Hüfte spritzen.

KÖRPERPFLEGE

Die Pflege Ihres Mannes ist eine wichtige Angelegenheit – *allerdings nicht für Ihren Mann.* Deshalb obliegt es Ihnen, sich darum zu kümmern. Und das kann durchaus Zeit in Anspruch nehmen. Dennoch ist diese Aufgabe unerlässlich, wollen Sie lange Freude an Ihrem Prachtstück haben.

Da muss viel geschmiert, gehobelt, poliert und gesäubert werden. Dennoch: Ein gepflegter Mann kann bewundernde Blicke auf sich – und natürlich auch auf Sie – ziehen.

⚠ Auch wenn Ihr Mann das denkt: Hygiene ist kein böses Tier – wenngleich geruchstechnisch durchaus Parallelen zu Ihrem Mann drin sein könnten.

Wo wollen wir anfangen? Eigentlich nirgendwo, klar, aber »wat mut, dat mut«. Deshalb wagen wir uns in einen Bereich, den Sie auf *keinen Fall* ihm überlassen sollten:

Die Füße

Grundsätzlich ist festzuhalten, dass sich der Mann weitaus weniger kritisch mit seinen Füßen auseinandersetzt, als Frauen dies im Allgemeinen tun. So sieht er denn auch aus: Optisch irgendwo zwischen Archäopteryx-Klaue und Rhinozeros-Huf hat der männliche Fuß bei fortgeschrittener Laufleistung nur wenig Filigranes anzubieten. Aber genau dort wollen Sie ja hin. Schließlich soll das, was da unbesockt aus der Sandale ragt, nach Möglichkeit nicht dafür sorgen, dass das Hotel, in dem Sie Ihren gemeinsamen Urlaub verbringen, nicht spontan zwei Sterne verliert oder Ihre Umgebung eine explosionsartige Emigrationswelle erfasst.

Natürlich können Sie es auch dabei bewenden lassen – zumindest wenn Ihr Mann als venezolanischer Baumsteiger sein Geld verdient, oder Sie ihn täglich im Garten die Palmen raufscheuchen. *(Was für einen Garten haben Sie denn?)*

Packen Sie's an! Greifen Sie zu! Nehmen Sie sich die Zehen vor. Und zwar alle zehn! (Beim Modell »Reinhold« können es auch deutlich weniger sein – weshalb Sie dort auch vom Kauf von Flip Flops absehen sollten.) *Allerdings:* Trotz meines Aufrufes zum beherzten Zupacken muss ich Sie vor den messerscharfen *Fußnägeln* warnen! Nicht selten ist es vorgekommen, dass sich arglose Frauen an den Krallen ihres Mannes den halben Körper aufgeschlitzt haben! Das muss ja nicht sein.

Um der widerspenstigen, kompakten, ja, buchdeckeldicken

Nägel Herr bzw. Frau zu werden, empfiehlt sich das richtige Gerät. Also, z. B. ein *Nagelclipper*.

(Ach was? So schlimm ...? Na ja, okay, bitte, dann nehmen Sie halt eine Geflügelschere, wenn es nötig ist.

Bitte ...? Was ...?!!! Zur Hölle, ja, dann nehmen Sie eben die Flex, oder nehmen Sie den Schwingschleifer, wenn Sie dieser ockergelben Speerspitzen sonst nicht mehr Herr werden können! Du meine Fresse ... so lange hätten Sie echt nicht warten dürfen.)

Da Ihr Mann äußerst lernfähig ist, wird er sehr schnell damit beginnen, sich selbständig um das Kürzen seiner Fußnägel zu kümmern. Okay, sicher, die Intervalle würden Sie sicher kürzer anlegen als er, aber was soll's.

Falls es Ihnen passieren sollte, dass Ihnen Fußnägel ins morgendliche Müsli flutschen oder beim abendlichen Fernsehritual die Couch entlangpeitschen, bedenken Sie, dass ihm geschmackliche oder ästhetische Fragen grundsätzlich erst einmal egal sind. Der Wille zählt. Dennoch muss ihm klarwerden, dass seine Horn-Projektile nur an einem sicheren Ort fliegen dürfen.

Bitte schreien Sie ihn dazu nicht an – das würde ihn nur verunsichern, da er aufgrund seines beherzten Problem-in-die-Hand-Nehmens Lob von Ihnen erwartet. Geleiten Sie ihn stattdessen an geeignete Orte zum Nagelclippen: die Toilette, den Badewannenrand oder an die Hecke zum Nachbarn rüber.

Neben den Nägeln kann sich unterhalb des Fußes noch etwas anderes zum Problem entwickeln: **die Hornhaut**. Diese holzartige Schicht entsteht bei hoher Beanspruchung und kann sich als sehr hartnäckig erweisen.

Abgesehen davon, dass es aus ästhetischen Gründen durchaus zu empfehlen ist, sich ihrer zu entledigen, kann sie sogar akustisch eine unangenehme Präsenz entwickeln. Denn je nach Beschaffenheit Ihres Bodens (z. B. Parkett oder Laminat) und Ihrem eigenen Härtegrad kann die Hornhaut ein geradezu infernalisches Klackern bei jedem Schritt auslösen. Das kann das Mietverhältnis oder zumindest Ihr eigenes schwer belasten.

Um Sie aber mit dem Problem nicht alleinzulassen, hat die Industrie bereits seit einiger Zeit recht wirksame Instrumente auf Lager, z. B. den **Hornhauthobel** oder den zum Abrubbeln der Hornschichten recht effektiven **Bimsstein**.

Ach, Sie meinen, da könnten Sie auch gleich den Mont Blanc mit 'nem Bimsstein abrubbeln?

Selbstverständlich können Sie auch hier wieder auf den Schwingschleifer oder einen professionellen Elektrohobel aus einer befreundeten Werkstatt in der Nachbarschaft zurückgreifen. Eines allerdings sollte Ihnen bewusst sein: Je heftiger Sie die Hornhaut vom Fuß Ihres Mannes abtragen, desto größer ist die Wahrscheinlichkeit, dass Sie statt Ihrem 1,85-Meter-Hünen plötzlich nur noch einen 1,67-Meter-Erdnuckel zurückerhalten. Das haben Sie sich dann selber zurechtgehobelt.

So, nachdem Sie die Basis für einen schönen Fuß gelegt haben, sollten Sie jetzt lediglich dafür sorgen, dass der Fuß regelmäßiger Waschung unterliegt. Diese muss nicht rituell sein, sondern lediglich gründlich. Sie müssen die Füße also nicht in den Ganges tauchen, das heimische Waschbecken reicht völlig aus.

Auch hier gelten wieder unterschiedliche Standards. Während Sie bereits bei leichten Verschmutzungen mit der **Bürste** ankommen, wird Ihr Mann selbst dann noch keinen Reinigungsbedarf entdecken, wenn er am unteren Ende bereits aussieht, als sei er mit »Öff Öff« und den anderen Kumpels vom Höhlenmenschen-Club tagelang durch Morast gewatet oder als habe er sich einzig und allein mit den Fußnägeln den Popocatepetl hoch gekrallt. In diesem Falle helfen eine Bürste, ein wenig Seife und etwas Ausdauer.

Falls Sie den Füßen am Ende mit etwas **Fußpflegecreme** die nötige Geschmeidigkeit verleihen wollen, ist das sicher nicht verkehrt. Dass Ihr Mann bei nächster Gelegenheit die erstaunliche Feuchtigkeit der Fußcreme auch in seinem Gesicht zu testen versucht, versteht sich von selbst und zeugt von seiner Lernbereitschaft.

Der Intimbereich

Wenn wir den Körper Ihres Mannes konsequent weiter nach oben wandern, müssen wir unweigerlich auch ein paar Worte über seinen Schritt verlieren – und damit meine ich nicht die verkniffen schleppende Gangart, wenn er sich mal wieder den Toilettengang verkneifen musste, sondern *den* Schritt, sprich: seinen Unterleib.

Das Positive vorweg: Ihr Mann ist ein derartiger Fan seines Penis, dass er dort so häufig wie möglich hingreift, ja, ihn sogar liebevoll massiert und streichelt.

Das Negative: Dadurch wird er kaum sauberer.

Leider ist das Glied aber diversen Verschmutzungsquellen ausgesetzt, also z. B. öffentlichen Toiletten, verschmutzten Hecken, in die er sein Gemächt zwecks Verklappung vertrauensvoll hineinhält oder aber auch fremden Körperöffnungen, respektive Ihrer eigenen *(immerhin)*. Um also Ablagerungen jedweder Art beizukommen, ist regelmäßiges Waschen mit **Lappen und/oder Seife** unerlässlich.

Und das sollte auch mit letzter Konsequenz geschehen, d. h. für die männliche Vorhaut gilt: ruhig mal zurückziehen. Sie werden erstaunt sein, was dort alles zum Vorschein kommt. Und wo wir gerade einmal dabei sind: In puncto Behaarung empfehlen moderne Medien einen kompletten Kahlschlag unten herum – falls die E-Jugend-Fußballmannschaft der Pfarrgemeinde Korschenbroich bei Ihnen erotische Schlüsselreize auslöst, dann mag das genau das Richtige sein. Ansonsten reicht vielleicht auch eine **leichte Trimmung**.

Denn falls Sie zufällig einmal einen FKK-Urlaub in Waren an der Müritz oder sonst wo planen sollten, lässt sich mit einem sauber getrimmten Intimbereich vortrefflich prahlen. Das nur als kleines Gleichnis: Wenn ich im Garten meinen kümmerlichen Knallerbsenstrauch etwas stattlicher erscheinen lassen möchte, mähe ich das kniehohe Gras drum herum konsequent auf Streichholzlänge runter. Ich denke, wir verstehen uns, oder?

Und da Sie ohnehin schon dabei sind, Ihrem Mann das Unterhosenareal zu enthaaren bzw. ihn so weit zu bringen, es einfach selber zu tun: Optisch ist es mit Sicherheit deutlich schöner, zwei babygleiche, pfirsichhafte Hinternhälften zu sehen, als vermuten zu müssen, irgendwer habe Tony Marshalls Hinterkopf in der Hose Ihres Mannes versteckt. Aber das nur am Rande.

Im hinteren Bereich, also *zwischen* den Pobacken kann starke Behaarung besonders unvorteilhaft sein. Zumindest falls Ihr Mann regelmäßig abführt – und das tut er in der Regel oft und gerne. Die unselige Melange aus Kotresten, splissigem Toilettenpapier und bobtailgleichem Filz in der »Maurerfalte« kann zu äußerst unschönen Verkrustungen führen, den landläufig so liebevoll genannten »Arschkrispeln«, »Kniesterpinken« oder »Klabusterbeeren«. Ich möchte aus Gründen des guten Geschmacks gar nicht weiter hier darauf eingehen *(wenngleich ich fürchte, mir durch das Auslassen solcher Rektalanekdoten die Auflage zu versauen)*. Deshalb auch hier: weg damit!

Abgesehen davon kann **feuchtes Toilettenpapie**r eine sehr

sinnvolle Ergänzung sein. Sollte Ihr maskulines Schätzchen daheim zu der Sorte zählen, die mit einem besonders aktiven Stoffwechsel gesegnet sind, ist ein kleines Töpfchen **Wund- und Heilsalbe** – unauffällig in der Nähe der Keramik platziert – ebenfalls schwer empfehlenswert. Die waidwunde Rosette Ihres Mannes wird es Ihnen danken, und er wird plötzlich wesentlich ruhiger und ruckelfreier an der gemeinsamen Kaffeetafel sitzen.

Die Hände

Die **Hände** Ihres Mannes sind laut aller bekannten Umfragen das Erste, worauf Frauen achten. Okay, laut aller *seriösen* Umfragen aber zumindest das Zweite oder Dritte. Sie sind neben den Zähnen die Visitenkarte Ihres Mannes … oder zumindest das Organ, mit dem die Visitenkarten später überreicht werden.

Deshalb sollten die Hände bzw. die Finger weder aussehen, als reiße Ihr Mann tagein, tagaus zentnerweise Flöze aus einer Kohlengrube noch wie angefressene Cocktailwürstchen in Schwefelfarbe.

Letzteres, also das unansehnliche Gelb und das beißende Nikotinaroma lässt sich am besten vermeiden, wenn Sie Ihrem Mann jegliche Gelegenheit zum Rauchen untersagen bzw. die Dosis zumindest von vier Schachteln am Tag auf eine halbe herunterfahren. Falls er sich sperrt, verweisen Sie auch auf die gesundheitlichen Schäden, die solche »Kondensat-Sticks« oder »Teerzäpfchen« auslösen können. Deeskalierende, ja, aufmunternde Sprüche wie »Rauchen kannst du noch genug, wenn ich dich demnächst Richtung Urne schiebe!« haben sich in einschlägigen Untersuchungen als sehr hilfreich erwiesen.

Merke: Gelb – bei Autos, Bananen und Sonnenblumen schön. Bei Fingern: Nein!

Bei den **Fingernägeln** verhält es sich im Grunde genommen ähnlich wie bei den Fußnägeln. Auch hier kommt es – nach intensiver Benutzung der Bürste – auf eine akkurate Stutzung an. Bei den Fingern allerdings gibt sich der Mann in der Regel noch bereiter zu kooperieren. Wo Sie jedoch vermutlich mit dem Nagelclipper angerückt wären, nutzt der Mann die ihm eigenen Beißwerkzeuge und kaut die Nägel auf entsprechende Länge runter. *(Ach, bei den Fußnägeln macht er das genauso? Toll! Sehen Sie bloß zu, dass er sich nichts an der Bandscheibe holt!)*

Im Grunde genommen wäre das **Abkauen der Nägel** gar nicht weiter schlimm. Leider ist zum einen aber das Ergebnis häufig sehr unbefriedigend, weil zackig, ungerade und mit eingerissenem Nagelbett. Zum anderen aber sieht vor allem der Prozess des Abkauens äußerst unschön aus und lässt Ihren Mann auf andere wirken, als habe er einen rostigen Nagel im Stammhirn stecken oder ihm seien gerade erfolgreich die Synapsen verödet worden. So oder so nicht schön.

Ja, gepflegte Nägel sind eine wahre Zierde und allemal Anlass für andere, neidvoll auf diese tolle Erwerbung an Ihrer Seite zu blicken. Sie sollten es aber bitte auch nicht übertreiben: Lackierte Nägel können bei Frauen sehr hübsch aussehen, aber wenn Sie nicht gerade vorhaben, ihn als Regenbogenfahnen-Träger beim nächsten Homo-Protestmarsch vorne mitlaufen zu lassen, sollten Sie davon einfach absehen.

Die Strasssteinchen und Muster können Sie auch gleich weglassen.

Übrigens: Analog zum Fuß kann sich auch in der Handinnenseite **Hornhaut** bilden. Diese kann verschiedene Gründe haben: Ihr Mann ist Kraftsportler, zerdrückt an Bord seines Schiffes regelmäßig rohe Kartoffeln oder benutzt häufig die gemeinsame Fernbedienung. Möglicherweise aber ist er einfach nur viel allein. Wie auch immer.

Auch hier gilt wieder: **Bimsstein** benutzen. Oder in Zukunft eben häufiger für ihn da sein. Sie verstehen was ich meine, oder? *Knick Knack, Bimmel bimmel, Honk Honk, Zicke Zacke, Rabimmel Rabammel …* alles klar?

Das Gesicht

Der **Kopf** und speziell das **Gesicht** Ihres Mannes sind lupenreine Aushängeschilder. Oder porentiefe – wie Sie wollen. Da eben diese Poren häufig verunreinigt und vertalgt sein können, muss gerade das Gesicht besonders gepflegt werden. Bei Nichtbeachtung drohen **Mitesser** oder **Pickel**, die selbst einen Bravo-Leser vor Neid erblassen lassen würden. Ganz abgesehen von **Akne-Narben**, die eher an die Mondoberfläche denn an ein Gesicht erinnern. Natürlich müssen Sie, um das Gesicht entsprechend waschen zu können, erst einmal drankommen.

Deshalb: Rasieren Sie es!

Ein Gesichtsflokati, der Ihren Mann wie »Wolle Wolfskind« dastehen lässt, kann ja nicht in Ihrem Sinne sein. Wenn da plötzlich nur noch die Äuglein rausblitzen, wie Weiland Heinz Sielmann, der durch die nächstbeste Hecke arglosen Erdmännchen beim Kopulieren zugesehen hat.

Vor allem aber gehört der Filz abgeschabt, wenn ihm dermaßen viel Zeugs in der Wolle hängt, dass ihm bei nahezu jedem Satz ein halbes Tellergericht aus dem Gesicht plumpst.

Zu diesem Zwecke müssen Sie ja nicht zwingend Ihren Lady Shaver benutzen (das wird ihm vielleicht auch nicht so recht sein), sondern können mit einem ordentlichen **Elektro- oder Nassrasierer** tolle Erfolge erzielen. Allerdings sollten Sie da wirklich nicht an Material geizen, denn Billigrasierer können die Haut derart reizen, dass er am Ende aussieht, als hätte man ihm überflüssigen Flaum mit einer Eimerladung Kerosin aus dem Gesicht geflämmt.

Übrigens gilt das Enthaarungsgebot auch für **Nasenhaare**: Niemand kann von Ihnen verlangen, sich permanent den Anblick von jemandem zu geben, der aussieht, als krieche ihm gerade ein Frettchen aus dem Riechkolben.

Ebenso dürfen Sie sich auch an seinen **Augenbrauen** versuchen. Denn wenn er eine Monobraue wie Sesamstraßen-Bert durch die Gegend schleppt, dann darf man eindeutig mit dem Zupfen beginnen. Nur empfiehlt es sich, auch hier Maß zu halten – denn wie Mephisto oder Marlene Dietrichs ältere Schwester sollte er ja nun auch wieder nicht rumlaufen.

Jetzt, wo Sie das Gesicht von Haaren befreit und gewaschen haben, können Sie loslegen, das Antlitz morgens und abends

einzucremen. Das mag Ihrem Mann feminin vorkommen, ja, vermutlich wird er Sie sogar anflehen, es niemandem zu erzählen. Es ist aber nicht zu bestreiten, dass regelmäßig aufgetragene Feuchtigkeit Ihrem Mann gut zu Gesicht steht. *(Knaller-Formulierung, was?)*

Und das übrigens auch schon in jüngeren Jahren. Denn je schneller man der Frühverknitterung entgegenwirkt, desto besser. Es kann Ihnen ja auch nicht gefallen, wenn die Riefen- und Furchentiefe sich bestenfalls dazu eignet, ein paar Euro- und Cent-Münzen in den Gesichtsrillen abzuparken. Außerdem soll er ja nicht bei jedem Lächeln einen Faltenwurf haben, dass jede Dehnung im Gesicht klingt wie die Schutzfolie um Zigarettenschachteln.

Falls Sie jetzt ernsthaft so etwas wie eine **Botox-Behandlung** in Betracht ziehen, dann sollten Sie sich dessen bewusst sein, dass Ihrem Mann jegliche Mimik abhanden gehen wird. Kann ja nicht ernsthaft in Ihrem Interesse sein, mit jemandem durch die Gegend zu laufen, der aussieht, als hätte man ihn frisch plastiniert und bei »Körperwelten« aus der Verankerung gerissen.

Übrigens gilt das Cremeprogramm für den gesamten Körper. Zumindest können Sie Ihren Mann auf diese Art um einige Jahre frischer halten und vermeiden, ihn vor Ablauf des Verfallsdatums als eine Mischung aus Faltenhund und iberischem Schinken rumhängen zu haben.

Die Haare

Mensch, was waren das für Bilder, als Al Pacino in seiner Rolle als Tony Montana aus einem Berg von Kokain hochgeguckt hat, das Gesicht randvoll mit Marschierpulver, die Schultern ebenfalls … Während bei »Scarface« das Pulver auf den Schultern allerdings noch ein Ausdruck von Macht und Geld war, deutet der Neuschnee im Nacken Ihres Mannes lediglich darauf hin, dass ihm offenbar so langsam aber sicher der halbe Kopf wegbröckelt. Das muss ja wohl nicht sein. **Schuppen** gehören in den Garten, aber nicht auf den Kopf!

Um der trockenen Kopfhaut etwas entgegenzusetzen, gibt es entsprechende **Shampoos**, um ihm anständig den Kopf einzuschäumen und dafür zu sorgen, dass Sie ihm demnächst wieder angstfrei schwarze Sachen anziehen können.

Davon abgesehen: Gesundes, gepflegtes Haar glänzt. Das hat aber jetzt nichts damit zu tun, dass Sie ihm vier Liter Kokospanade auf den Schädel schmieren, sondern: von Natur aus. Um diesen seidigen Glanz hinzubekommen – vorausgesetzt natürlich, Ihr Mann verfügt noch über ein dichtes Verdeck – gibt es verschiedene Mittel. Zum Beispiel Ei. Oder Bier. Das kann funktionieren, muss aber nicht.

Frisurpannen lassen sich mit wenigen Handgriffen vorteilhaft kaschieren

Vermutlich wird Ihr Mann die interne Lösung ausprobieren wollen, also das Bier von innen heraus wirken lassen. So ist es natürlich nicht gedacht. Aber ohnehin bin ich sehr skeptisch, was solche Versuche angeht. Deshalb: Lassen Sie das Bier im Kühlschrank.

Und den Heringsstipp, den Eiersalat und die Dose Sürströmming ebenfalls. Ich denke, normales Shampoo und eine Spülung tun es auch.

Einen letzten Tipp habe ich noch:

> **TIPP** **Falls Sie Strähnchen auf dem Haupt Ihres Mannes für kleidsam halten. Sie sind es nicht! Merke: Ein Mann trägt keine Strähnchen! NIE! Vor allem keine Block-Strähnchen. Es sei denn, er verwaltet die Chips beim Autoscooter oder er arbeitet als Teilzeit-Felgenwart auf einem Bottroper Autohof.**

WETTERFESTIGKEIT

Wie Sie sicherlich festgestellt haben, wird Ihr Mann mit einer gewissen Robustheit angeliefert – manchmal auch mehr, als Ihnen lieb sein dürfte. Dennoch gilt es auch hier, eine gewisse Sorgfalt walten zu lassen. Sie haben definitiv länger Freude an Ihrem Mann, wenn Sie ihn warm und trocken unterstellen. Das kann im Hause sein, muss aber nicht.

Falls Sie z. B. eine Gartenhütte haben, können Sie ihn auch dort bequem abstellen. Das Bereitstellen von Bier, Kicker und/oder Billardtisch wird es ihm deutlich leichter machen, dort zu verweilen. Vielmehr noch: Er wird möglicherweise gar nicht mehr dort wegwollen.

Wichtig ist: Wenn Sie ihn nicht im Haus haben wollen und

auch nicht über eine Garage oder Abstellhütte verfügen, dann könnten Sie ein Problem bekommen, ja, dann sollten Sie sogar überlegen, ob ein Mann das Richtige für Sie ist. Ihn nur irgendwo draußen zu parken, ist jedenfalls keine Lösung. Wind und Wetter können ihm im Laufe der Zeit stark zusetzen, ihn schmuddelig aussehen lassen.

Bedenken Sie nur seine Frisur, an der Sie sicherlich stundenlang gewerkelt haben, und die Wind nur bedingt standhält (besonders unschön zu erkennen an Modellen, die das Haar von einer Seite zur anderen herübergekämmt haben und auf dem Kopf plötzlich aussehen wie eine frisch geöffnete Pfirsichdose).

Auch Regen kann Ihrem Mann schwer zusetzen. Abgesehen davon, dass Dauernässe Ihren Mann auf dem Kopf aussehen lässt wie einen Pinscher in der Waschanlage, droht auch die komplette Aufweichung. Nur wenige Stunden, und Ihr Mann hat eine Haut, die verstärkt an eine Galapagosschildkröte al dente erinnert.

Nur dass wir uns nicht falsch verstehen: Feuchtigkeit ist gut für die Haut. Aber: Wasserleichen gehören ins Schilf und nicht in Ihren Garten. Kann Ihnen ja schließlich nicht gefallen, eine Maultasche in Jeans an Ihrer Seite zu haben. Epidermis sollte nicht an Wellblech erinnern.

Gerade gegen Wind und Regen gibt es sehr gute Kleidung – damit meine ich allerdings keine Partnerjacken! In atmungsaktiver, wind- und regengeschützter Kleidung können Sie Ihren Mann problemlos ein paar Tage, ja, sogar Wochen draußen stehen und/oder arbeiten lassen. Da passiert nix. Abgesehen von einem gesteigerten Frustrationspotenzial vielleicht.

Ähnlich wie bei Regen gilt auch bei Hitze: Die Fassade Ihres Mannes ist empfindlich! Im Gegensatz zu Textilien oder Metallen jedoch bleicht die Haut Ihres Mannes nicht aus, sondern wird dunkler. Gut, so manch einer mag die Grillhähnchenoptik. Ich rate dennoch davon ab.

Es ist doch sehr bedenklich, wenn das Knistern innerhalb einer Beziehung nur noch von der Haut Ihres Partners kommt. Halten Sie es mit der Pelle Ihres Mannes wie Jungmanager bei ihrem Vorgesetzten: »Gut einschmieren ist wichtig!«

Gerade bei englischen Kundinnen stelle ich jedoch immer wieder fest, dass Frauen es damit übertreiben, die Wetterfestigkeit ihres Mannes bis an die buchstäbliche Schmerzgrenze auszureizen. Offenbar geblendet von der 3-Zentner-Robustheit lassen Sie es in puncto Eincremen äußerst lax bis schlichtweg gar nicht angehen. Und so verwandelt sich der Mann auf dem Handtuch in der mediterranen Sonne binnen weniger Stunden in ein glühendes bojengleiches Etwas, das in seiner weiß-roten Farbkombination frappierend an die Flagge des englischen Fußballverbandes erinnert.

Dass man die Haut nur wenige Zeit später quadratmeterweise vom Körper ziehen und sich daraus Lampions basteln kann – geschenkt. Ich führe diese Versäumnisse beim Beachten der Schädlichkeit von Sonneneinstrahlung immer wieder darauf zurück, dass Briten schlichtweg nicht wissen, was Sonne ist. Wer wollte ihnen einen Vorwurf machen.

Sie sollten abseits der Sonne ebenfalls bedenken, dass allein die Hitze Ihren Mann stark schädigen kann. Ihn allzu lange hohen Temperaturen auszusetzen, kann seinen Flüssigkeitsspeicher austrocknen und ihn stumpf kollabieren lassen.

Sorgen Sie also für ausreichend zu trinken, um seinen Flüssigkeitshaushalt im grünen Bereich zu bewahren. Danke!

KONSERVIERUNG

(Huii, da stellen Sie mir aber eine schwierige Frage ... Nee, Moment mal. Ich habe dieses Thema ja aufgebracht. Okay, also egal.)
Grundsätzlich ist es natürlich absolut nachvollziehbar, dass Sie so eine Knüllerknallerangelegenheit wie Ihren Mann so lange wie möglich behalten wollen. Doch auch Sie müssen den Tatsachen ins Auge sehen: Die Lauf- und Lebenszeit Ihres Mannes ist endlich. Es sei denn, er ist Holländer und hat einen weißen Schal um. Ihn auf einer Bühne ans Piano zu nageln macht die Sache aber auch nicht besser. Nein, keine Methode hilft wirklich dauerhaft. Egal, ob Sie ihn jetzt von innen räuchern wie Loki Schmidt oder ihn mit gezielten Alkoholinfusionen bereits zu Lebzeiten länger haltbar machen.
Es ist auch ein Irrglaube, dass es was bringt, ihn täglich achtmal mit Melkfett gegen etwaige Risse einzuschmieren.

 Der natürliche Alterungsprozess Ihres Mannes ist durch nichts zu stoppen! Es sei denn, Sie bemerken an ihm auffällig spitze Reißzähne, Angst vor Sonnenlicht und eine unerklärliche Liebe zu schwarzen Umhängen, aber das ist wieder ein anderes Thema.

Natürlich sollen Sie auf seine Gesundheit achten. Aber ihn mit Vitaminpräparaten vollzupumpen, ist ebenfalls keine Lösung. Zumal er sich unter diesen Bedingungen schnell an seine Mutter erinnert fühlen wird (»Mach mal Aaaahhh«) und das Weite sucht. Mal ehrlich: Wo liegt denn der Sinn, ihm täglich zwölf Vitaminampullen reinzudrücken, vier Brausetabletten aufzulösen, ihm zweimal Kochsalzinfusionen zu verpassen und ihn danach zwei Stunden ans Dialysegerät anzuschließen? Außerdem ist Rotbäckchensaft ja nun wirklich nix für einen gestandenen Mann – es sei denn, Sie gießen den mit Wodka wieder auf.

Überflüssige Vitamine oder Eiweiße und Ähnliches scheidet der Körper ohnehin wieder aus, was also maximal dazu führen wird, dass Sie ihn kaum noch zu Gesicht bekommen, weil er ständig die Keramik volldonnert. Bio-Produkte sind sicher auch toll, aber ihn allen Ernstes mit auf den Markt oder ins Reformhaus zu schleppen, kann ernsthafte bleibende Schäden bei ihm hervorrufen, da die fast gallertartige Verweichlichung der Reformhaus-Verkäufer ihn zutiefst verstören kann. Auch die Varianten, ihn in Cellophanfolie einzuwickeln oder unter einem Sauerstoffzelt schlafen zu lassen, dürften ihn in Kürze höchstens schnell als Sonderling gelten lassen.

All diese Maßnahmen werden übrigens schon fast tragikomisch, wenn Ihr frisch vitaminierter und aufgepäppelter Mann bei der nächstbesten Gelegenheit das Haus verlässt und vor 'nen Bus läuft.

Selbstverständlich kann es vorkommen, dass Organe irgendwann fehlerhaft oder schlicht kaputt sind. In diesem Falle macht eine Transplantation durchaus Sinn. Falls es sich dabei um das Gehirn handeln sollte, eher nicht. Gesetzt den Fall, dass die Leber betroffen sein sollte, sollten Sie die geglückte Verpflanzung aber nicht unbedingt mit einem großen Besäufnis oder einer Moselrundfahrt feiern. Das gefährdet sämtliche Garantie- und Gewährleistungsansprüche.

Denken Sie lediglich an eine ausgewogene und regelmäßige Befüllung Ihres Mannes, ausreichend Sauerstoff, Bewegung und gute Laune, und Sie konservieren ihn, solange es die Garantie zulässt.

Sollte der Tag der **finalen Konservierung** tatsächlich gekommen sein, dann empfiehlt es sich loszulassen. Womit ich jetzt nicht die Sargträger über der Grube meine, sondern eher Ihren mentalen Zustand. Trennen Sie sich. Körperlich. So schön er auch gewesen sein mag – bitte lassen Sie Ihren Mann nicht ausstopfen und stellen Sie ihn unter keinen Umständen in den

Flur. Das könnte Ihre Besucher abschrecken und hat in anderer Form schon für maximale Verwirrung in »Bates' Motel« gesorgt. Und wenn überhaupt, dann stecken Sie ihn in eine Ritterrüstung – dann wissen wenigstens *nur Sie*, was unter der Blechpanade wirklich steckt.

Natürlich können Sie ihn auch der Wissenschaft zur Verfügung stellen – was interessant sein könnte, wenn er tatsächlich jeden Tag zwei Flaschen Bommerlunder getrunken hat und dennoch 93 Jahre alt geworden ist. Oder Sie geben ihn in die Hände des stets behüteten Joseph-Beuys-Imitators, der konservierte, auf den Kern gehäutete Tote in mitunter komischen Posen ausstellt. Könnte vielleicht aber doch eine zu heikle Sache sein. Es sei denn natürlich, Sie möchten, dass andere Ihren Verblichenen dabei beobachten, wie seine Überreste mit einer ebenso toten wie entkernten Ziege kopulieren.

⚠️ Sie können Ihren nicht mehr funktionsfähigen Mann auch nicht bei eBay einstellen – das geht nur mit kaputten Sachen, die noch nie einen Puls hatten.
Autobahnraststätten und das Gebüsch rechts im Stadtwald sind ebenfalls tabu. Und, nein: Der Komposthaufen geht auch nicht, obwohl da möglicherweise »Dinge« verwesen, die mal einen Puls hatten.

In letzter Zeit hat sich zur finalen Verklappung das Einäschern stark durchgesetzt. Manch einer versucht es sogar schon prämortal, am erfolglosesten wohl Helmut Schmidt. Zu diesem Zwecke empfiehlt es sich, einfach mal als »Schnupperkurs« rechtzeitig eine Krematoriumsbesichtigung in Angriff zu nehmen. Und wer weiß, vielleicht können Sie Ihren Mann gleich dort lassen! Ansonsten würde ich Ihnen nur raten, die Asche nicht einfach wegzukippen, sondern in einem Behältnis, das seiner würdig ist, irgendwo zu platzieren. Ein »Behältnis, das seiner würdig ist« ist übrigens *kein* alter Schrubbeimer. Und die Tatsache, dass er zu Lebzeiten viel geraucht hat, muss ja nicht unbedingt dazu verleiten, seinen staubigen Rest in einem Aschenbecher zu bewahren. *(Und klären Sie das mit Ihrer Putzfrau, bevor Sie Ihren Rest-Egon mit 1200 Watt in den Staubsaugerbeutel verfrachtet.)*

UNSACHGEMÄSSE BEANSPRUCHUNG

Ihr Mann hat gewisse physische Features, die Sie sicherlich in der einen oder anderen Situation dazu verleiten könnten, ihn für Zwecke zu missbrauchen, für die er eigentlich laut Werk nicht gedacht war. Dies nenne ich unsachgemäße Beanspruchung, und eben genau diese wird langfristig entweder zu gravierenden körperlichen Schäden führen, ihn ernsthaft psychisch belasten oder ihm schlichtweg auf die Nüsse gehen. Lassen Sie mich ein paar Beispiele kurz aufführen:

- Ihr Mann verfügt über zwei starke Arme, die obendrein auch noch über eine Gesamtspannweite von ca. zwei Metern verfügen. Diesen Umstand sollten Sie nicht dazu nutzen, ihn als zusätzlichen Kleiderständer zu missbrauchen. Zum einen, weil die Kleiderbügelhaken sich mitunter unsanft in den Arm graben könnten. Zum anderen, weil er sicher auch keine echte Begeisterung dafür entwickeln kann, Ihre gebrauchten Strümpfe, Unterhosen oder fleischfarbenen Miederhosen überm Arm hängen zu haben. Vor allem, wenn das Ganze schon zwei Wochen so geht.
- Sein erigiertes Glied ist auch kein Handtuchhalter! Und auch kein Sportgerät!
- Die Hände Ihres Mannes sind ein paar tolle Werkzeuge. Nicht aber, um etwa Küchensiphons, Abflussrohre oder

das Rektum des gemeinsamen Hundes von Verstopfungen zu befreien. Auch ist es falsch, mit der geschlossenen Faust einen Nagel in die Wand hauen zu wollen. Also, mit seiner. Na ja, und nur, weil er zehn Finger hat, sollten Sie ihn nicht nötigen, bestimmte Düsen an Ihrem Duschkopf zuzuhalten.

- Klar, Ihr Mann hat ein Paar kräftige Füße. Aber würden Sie es schätzen, wenn Sie plötzlich andauernd mit Ihren Füßen in die Biotonne steigen müssten, um den Inhalt etwas kompakter herunterzustampfen?

- Auf seinen Körper ist Ihr Mann zu Recht sehr stolz. Er ist groß gewachsen und hat obendrein eine gewisse Breite – im besten Falle antrainiert. Und gerade wenn Sie ihn schon mit einem Entrée wie »Spende mir Wärme, Süßer« anheizen, dann sollte doch wirklich was anderes gehen, als ihn nur gegen den kalten Luftzug unten quer vor die Tür zu legen, oder?

- Ich finde es ehrlich gesagt auch etwas dekadent, ihn dauerhaft mit hängender Zunge am Schreibtisch zu fixieren, nur um alle paar Wochen einmal eine Briefmarke zu befeuchten.

- Mein Gott, ja, vielleicht war es früher für Männer üblich, Ihren Mantel in die Pfütze vor Ihnen zu legen. Das war schon dämlich genug. Ich finde es aber völlig inakzeptabel, dass Sie dasselbe jetzt gleich mit Ihrem Mann tun! Holen Sie ihn doch aus der Pfütze, Herrgott, ich bitte Sie!

- Ja, er hat einen kräftigen Kiefer. Vielleicht sogar einen Unterbiss. Deshalb sollten Sie trotzdem die 3 Mark 50 für einen handelsüblichen Nussknacker ausgeben, anstatt ihn für das Knacken Ihrer Haselnüsse zu missbrauchen. *Was? Ach, Sie lassen ihn gar keine Haselnüsse knacken? Ach, es sind Paranüsse. Ne, das ändert natürlich alles …*

- Dass Ihr Mann ein recht ordentliches Lungenvolumen hat,

ist kein Geheimnis. Und es ist durchaus richtig, ihn dazu zu benutzen, Schwimmflügel, Schwimmreifen, ja, sogar eine Luftmatratze aufzupumpen und in akuten Notfällen auch Ihren Autoreifen. Der 2000-Liter-Gartenpool ist aber eindeutig eine Nummer zu groß. Dass er nach mehreren Versuchen durch Ihren Garten taumelt wie Dorffußballer nach einem Vatertagsausflug, sollte Sie also nicht weiter wundern.

- Auch, wenn er es Ihnen mal in einer Bierlaune gezeigt hat, sollten Sie jetzt keine Dauerlösung daraus machen, seine Zähne als Flaschenöffner zu benutzen.

- Sicherlich kann Ihr Mann ein paar wunderbare Verrenkungen, die in der einen oder anderen Situation durchaus von Vorteil waren. Ihn erst zu einer Brücke animieren, nur um ihn im Anschluss daran dauerhaft als Beistelltischchen zu benutzen, ist aber definitiv nicht richtig.

- Klar, okay, Bewegungsmelder, Überwachungskameras und Ähnliches sind teuer. Gehen Sie aber davon aus, dass er das nicht lange mitmachen wird, die ganze Nacht in Ihrem Garten zu sitzen und um Ihr Haus zu patrouillieren.

- Ihn nur aufgrund seiner starken Körperbehaarung als fleischgewordenen Wischmob zu benutzen, scheitert allein schon wegen seiner unflexiblen Knochenstruktur; falls es nicht scheitert, ist es in jedem Fall eine unsachgemäße Beanspruchung.

- Ihr Mann kann von Natur aus eine Menge einstecken – vorausgesetzt er ist angezogen. Als Schlüsselkastenersatz taugt er aber nur bedingt. Bis auf Auto- und Motorradschlüssel hat Ihr Mann kein besonderes Verhältnis zu Schlüsseln und achtet daher auch nur unzureichend darauf.

- Ihn nach stark schmutzintensiven Außen- oder Inneneinsätzen mit einem Kärcher- oder Sandstrahlgerät reinigen zu wollen, führt in den meisten Fällen zu ungewollten Abnutzungserscheinungen und im Wiederholungsfall nicht nur zu einem übel gelaunten Mann, sondern auch zu einem sehr unschönen Anblick.

UNSACHGEMÄSSE HALTUNG

Nachdem wir auf den letzten Seiten ja schon geklärt haben, dass diverse Dinge, wie »ihm eine Gabel ins Auge zu stecken« oder »ihm aus Spaß ins Knie zu bohren«, von einer sachgemäßen Behandlung meilenweit entfernt sind, sollten Sie auch diesen Zeilen Ihre Aufmerksamkeit schenken: Artgerechte Haltung ist eigentlich ein hochkomplexes Vorgehen! Aber Ihr Mann ist ja kein Reptil, sondern ein höchst pflegeleichter Geselle. Wenn Sie ein paar Dinge bedenken, werden Sie die nächsten rund fünfzig Jahre Freude an ihm haben.

Bevor Sie entscheiden, wo Sie Ihren Mann unterbringen, bedenken Sie, dass Ihr Mann nicht umsonst eine jahrtausendelange Entwicklung von der Eisscholle, über die Höhle ins Blockhaus hinein genommen hat. Deshalb kann ich Ihnen versichern, dass er es nicht lange hinnehmen wird, dass Sie ihm im Garten eine alte Hütte zimmern. Auch eine Unterbringung im Geräteschuppen wird ihn kaum milder stimmen. Als Faustregel sollten Sie sich einfach merken, dass Ihr Mann eine **gemütliche Wohnung** ebenso schätzt wie Sie.

Klar, manche Dinge sind ihm nicht so wichtig. Soll heißen:

- Außer Couch, Fernseher und Kühlschrank wäre maximal noch eine Stereoanlage vonnöten.
- Andere Möbel, etwaige Dekorationen oder die konsequente quartalsmäßige Umstellung des kompletten Mobiliars sind ihm völlig egal. Es sei denn natürlich, es trifft ihn unvorbereitet, und er pinkelt plötzlich in den Wandschrank.

- Bilder, Fotos, Porträts tangieren ihn in keinster Weise. Kunstdrucke, z. B. von Pollock, Immendorf oder ganz Wilden, könnten ihn sogar animieren, die Wand neu streichen zu wollen, weil aus seiner Sicht offensichtlich ein tropischer Vogel an Ihrer Wand zerschellt ist.
- Gleiches gilt für Wandfarben. Manch eine wirkt sich höchstens subtil auf sein Wesen aus. So kann es durchaus sein, dass er Sie plötzlich mit Schaum vorm Mund empfängt, weil ihm das Knallorange auf Dauer mental ziemlich zugesetzt hat.
- Vanilleduftkerzen machen ihn höchstens hungrig.

Auch, wenn Sie eine Frau sind, bedenken Sie, dass Ihr Mann ein anderes **Temperaturempfinden** hat als Sie. Wundern Sie sich also nicht, dass Ihr Mann vornehmlich nackt in der Wohnung sitzen wird, wenn Sie die Heizung bereits Ende August volle Pulle aufdrehen, um das Wohnzimmer auf gemütliches Tropenniveau zu bringen. Bevor Sie weiterlesen, entfernen Sie also erst mal die Leguane, die sich wegen des Klimas in Ihrer Bude eingenistet haben.

Wichtig: Ihr Mann braucht **Refugien, Rückzugsgebiete, Freiräume.** Jetzt, wo Sie in Ihrer gemeinsamen Wohnung schon so erfolgreich jedwedes Spurenelement seiner Persönlichkeit »weg-designt« haben, lassen Sie ihm ein paar letzte Quadratzentimeter. Den Streit um die Territorialherrschaft haben Sie doch längst für sich entschieden. So wie die Cowboys damals mit den Indianern. Nur dass Sie ihn statt mit Feuerwasser und ein paar Glasperlen mit wohldosierten KE (Kopulationseinheiten) gefügig gemacht haben.

Gönnen Sie ihm zumindest in den ersten Jahren seinen *Hobbykeller.* Dass er dort natürlich *keinem* Hobby nachgeht *(es sei denn, »am Hintern kratzen« geht als solches durch),* sondern sich lediglich darauf vorbereitet, dass Sie irgendwann kommen werden, um ihm auch diesen Rückzugsraum noch zu nehmen.

Verzichten Sie bei der Ausstattung seines Hobbykellers auf übertriebene Gemütlichkeit. Tapeten und ein Kühlschrank sind »nice to have«, aber kein Muss. Ausreichende Belüftung hingegen schon!

> **TIPP** Achten Sie bei der Einrichtung »seines« Hobbykellers darauf, dass dieser Raum nach einer gewissen Zeit schnell wieder auf Ihre Bedürfnisse zugeschnitten werden kann. Es macht keinen Sinn, die Wände mit Holz zu verkleiden, wenn Sie holzvertäfelte Wände hassen. Schließlich sollen Sie sich später in »seinem« Hobbykeller wohlfühlen. Ihre kluge Voraussicht erspart Ihnen viel Arbeit.

Akzeptieren Sie das, was er als Endprodukt aus seinem Hobbykeller zu Ihnen nach oben trägt, klaglos. Egal, ob es ein getöpferter Aschenbecher ist, der aussieht wie das Stoffwechselendprodukt eines grippekranken Auerochsen, oder das selbstgezimmerte Gewürzregal, das jedem TÜV-Beamten Sturzbäche von Schweiß aus der Stirn pressen würde.

Immer merken: Der Hobbykeller ist die letzte Nische vorm territorialen Befreiungskampf!

> **TIPP** Ein von außen abschließbarer Hobbykeller erweitert Ihre Möglichkeiten eines umfangreichen Strafregisters.

> **TIPP zum TIPP** Sorgen Sie bei dieser speziellen Nutzung unbedingt für schalldichte Fenster, und achten Sie darauf, dass diese Fenster klein genug sind, um ihm die Flucht nicht zu ermöglichen.

VERSCHLEISS

Ein Thema, bei dem man sich lustvoll die Köpfe heiß reden kann, ist der Verschleiß. Denn die grundsätzliche Frage, die alle quält, ist doch: »Wie weit kann ich gehen? Wo schöpfe ich Potenziale nicht voll aus? Wo übertreibe ich?« *(Okay, genau genommen sind das sogar drei Fragen.)*

Leider ist es nicht möglich, eine pauschale Antwort darauf zu geben. Dennoch sollte es Ihnen Mahnung und Warnung sein, wenn Ihr Mann schon mit 32 Jahren …

- im 90-Grad-Winkel gebückt geht und ein Bein nachzieht.
- auch im Schlaf pantomimengleich mit seinen verhornten Händen Schraubendreh-Bewegungen imitiert.
- beim permanenten Einnässen autistisch über Belege, Steuerunterlagen und Quittungen fabuliert.
- auf sehnige 29 Kilo kommt.
- diverse Finger und Zehen vermisst.
- derart viele Narben am Körper trägt, dass die Vermutung naheliegt, sein Hobby sei »durch Glasscheiben springen«.
- sein ehemals wallendes Haar innerhalb weniger Monate gegen einen dünn besiedelten Flusenteppich getauscht hat.
- permanent Kohlenstaub hustet und vor dem morgendlichen »Hallo« einen Viertelliter Blut spuckt.

Lassen Sie uns kurz einen Blick auf die markantesten Zustände werfen, die Ihren Mann auf Dauer übermäßig verschleißen:

- Sie vertrauen auf seine Muskelkraft. Das tun Sie natürlich völlig zu Recht, da er ja in der Tat mit schier unerschöpflicher Power gesegnet ist. Aber ähnlich wie bei einem Auto, das man auch nicht permanent auf 7000 Touren peitschen soll *(ach, das wussten Sie auch noch nicht?),* müssen Sie auch die Kräfte Ihres Mannes sparsam verwalten. Es macht also

wenig Sinn, ihn z. B. den Gartenteich an *einem* Tag ausheben zu lassen. Also: Ihn zu zwingen, Erdreich im Umfang
des Braunkohleabbaugebietes Gartzweiler wegzuschau-
feln, ist die eine Sache. Aber dass Sie von ihm verlangen,
die insgesamt 112 Hektoliter Wasser in einem Gang bzw.
Bottich zu der ausgehobenen Stelle zu schleppen, scheint
mir doch etwas übertrieben. Und wenn er zu allem Über-
fluss noch am selben Tag die Gartenhütte aufbauen muss –
da ist es doch wenig verwunderlich, dass er bereits nach
wenigen Wochen eine Körperhaltung hat wie Gollum mit
Hüftarthrose.

- Ähnliches gilt für die Diamantenmine mit einem halben
Meter Durchmesser, in die Sie ihn regelmäßig nach seinem
Feierabend schicken.

- Ihr Mann liebt Kinder *(ja, sogar die gemeinsamen)*. Das allerdings sollte nicht der Grund sein, warum Sie sämtliche
Bespaßungsaufgaben der Kinder auf ihn abwälzen. Vergessen Sie nicht: Der Mann hat bereits einen kompletten
Arbeitstag hinter sich. Zu viel »Und noch ein Happa für
Mama«, »Captain Sharky's Enterfahrt«, »Es geht ein Bi-
Ba-Butzemann in unserer kompletten Siedlung herum«
oder die komplette Werkschau von Rolf Zuckowski kann
sein Stresszentrum empfindlich verschleißen oder seine
Synapsen irreversibel schädigen. Das kann man übrigens
gut daran erkennen, dass bereits die ersten Takte von »In
der Weihnachtsbäckerei« für Schaum vorm Mund sowie
krampfartiges Zucken auf dem Kinderzimmerteppich sorgen. Dass er mittlerweile obendrein aussieht wie Sponge
Bob, dürfte Ihnen auch nicht entgangen sein.

- Ihr Mann ist nicht gerade als Kommunikationsbombe bekannt. Das sollten Sie bedenken, bevor Sie beginnen, ihn
ohne Unterlass mit einem Verbal-Tsunami zu überziehen.
Probleme auf der Arbeit, mit der besten Freundin, mit

den Nachbarn, mit dem Katasteramt, den unfreundlichen Schlampen auf dem Kinderspielplatz, mit der Steuerbehörde, mit der Feuerwehr und, und, und … Diesem Wust an Problemen zu folgen könnte bei Ihrem Mann zu einem mittelschweren Hirnwundbrand führen oder Ihren Mann unweigerlich ins Notprogramm treiben, das da heißt: »Demenz.«

- An Ihrer neu entflammten Sportbegeisterung gibt es grundsätzlich nichts zu bemäkeln, und Ihr Mann unterstützt Sie da gern. Ihn allerdings innerhalb weniger Tage zum Triathlon, Iron Man und Fremdenlegionärslauf anzutreiben, dürfte kaum übersehbare Verschleißspuren nach sich ziehen.

- Sicherlich nimmt der Mann seine Beschützerfunktionen gerne und oft wahr. Wenn Sie jetzt allerdings damit beginnen, sich permanent mit der Russenmafia, den Hells Angels und der arischen Bruderschaft Rostock anzulegen, dann wird er sicherlich über kurz oder lang damit überfordert sein. »Überfordert« erkennt man unter anderem an dem appen Bein und dem offenen Schädel, mit dem er wieder nach Hause zu Ihnen kommt.

- Über Ihren Spaß am Verkehr kann man beim besten Willen nichts sagen. Sollten Sie allerdings über eine derart aktive Libido verfügen, dass Ihr Mann alle sieben Minuten zum Akt antreten muss, kann es durchaus vorkommen, dass seine Vitalfunktionen ruckzuck in den Keller rauschen. *(Okay, beim letzten hatte ich Sie, oder? Is' natürlich Blödsinn – er kann immer. Immer, hören Sie?!)*

ANZEICHEN VON SCHÄDEN

Wie bereits im Kapitel »Wartung und Pflege« beschrieben, ist Ihr Mann kein geeigneter Indikator, was etwaige Schäden angeht. Gut, okay ... bei anderen, ja, vielleicht. Da schafft er es dann und wann, mit einem dahingesagten »Alter, wie sieht er denn aus?« oder »Muss das so sein?« sein Befremden über die fehlenden drei Finger oder den Beckenschiefstand seines Gegenübers kundzutun.

Was ihn selber angeht, da ist er weitestgehend taub und blind. Deshalb unbedingt merken: **Fehleranalyse ist ganz klar Ihre Sache!**

Sie werden verstehen, dass ich jetzt nicht auf die ca. 138 879 003 möglichen Schäden am Corpus Ihres Mannes eingehen kann (und will), aber ein paar signifikante Schäden möchte ich Ihnen dennoch aufzeigen, als da wären:

»Mein Mann rennt mit hochrotem Schädel herum!«

Nun, das kann die unterschiedlichsten Gründe haben. Zum einen: Sie sind mit Uli Hoeneß zusammen. Okay, das war ein blöder Witz. Aber auch wahr, denn der magentafarbene Schädel deutet bei dem bajuwarischen Alphatier auf nichts anderes hin als bei jedem anderen Mann auch, nämlich auf **erhöhten Blutdruck.**

Um diesen zu checken, brauchen Sie eigentlich keinen Arzt, sondern lediglich ein Blutdruck-Messgerät. *(Jetzt kommen Sie, Sie haben sich doch sonst schon jeden Mist im Teleshop bestellt ... das nicht auch?)* Normal ist ein Wert von ca. 120 zu 70.

Nicht normal dagegen ist ein Wert, der an ein Endergebnis aus der usbekischen Basketballliga erinnert, also z. B. 320 zu 212. Das ist nicht gut und lässt darauf schließen, dass die Adern Ihres Mannes bereits zum Zerbersten gespannt sind, so wie Helmut Kohls Unterhosengummi. Wenn Sie also einem Schlaganfall Ihres Mannes aus dem Wege gehen wollen, schaffen Sie ihn umgehend ins nächstgelegene Hospital!

Ihr Mann hat Sie bis zu diesem Zeitpunkt eine Menge Geld, Energie und Zeitaufwand gekostet, nicht zu vergessen, die schönen Stunden, die Sie gemeinsam verbracht haben. Wollen Sie all dies einfach so aufs Spiel setzen?

Der puterrote Kopf kann natürlich auch einfach daran liegen, dass Sie ihm die ca. 28 Bier »zum Nachtisch« allzu oft haben durchgehen lassen. Vielleicht checken Sie zu diesem Zweck noch schnell die Oberfläche seiner Nase. Sollte die in etwa aussehen wie das bundesdeutsche Flüsseverzeichnis, trifft ganz sicher Letzteres zu.

Möglicherweise rührt der hochrote Kopf auch lediglich daher, dass Sie ihn gerade beim intensiven Studium russischer »Schmirgelseiten« erwischt haben.

»Mein Mann greift sich mit schmerzverzerrtem Gesicht an den Arm!«

Anders als in diversen TV-Schmonzetten und Boulevard-Theaterstücken äußern sich **Herzprobleme bzw -infarkte** weniger durch direkten Schmerz am betroffenen Organ, sondern vielmehr durch entsetzliches Pochen im Arm. In diesem Falle sollten Sie nicht zu großartigen Therapiemethoden Ihrerseits ansetzen, sondern schleunigst einen Notarzt rufen und sich mal Gedanken darüber machen, ob es so ratsam war, ihm tagtäglich frittierte Mars-Riegel und Germknödel mit doppelter Buttereinspritzung zu servieren!

Vielleicht haben Sie ihn auch schlichtweg überlastet, da Sie es nicht sein lassen konnten auszutesten, wie viele Funktionen er gleichzeitig übernehmen kann. *(Spätestens, wenn Sie ihm auch noch das Stillen auftragen wollen, hört's doch wohl auf, oder? Mit seiner eigenen Brust, wohlgemerkt!*) Möglicherweise haben Sie ihn auch mit schier endlosen Diskussionen überfordert, überlastet und in den Infarkt getrieben. Na, toll.

Falls so etwas wie Puls nicht mehr messbar ist, dürfen Sie es ruhig mal mit einer Herzmassage versuchen. Aber bitte nicht am offenen Herzen! Seine Nippel zur Wiederbelebung an den heimischen Stromkreislauf anzuschließen ist übrigens eine echte Scheißidee.

Außerdem: Lösung B für »Mein Mann greift sich mit schmerzverzerrtem Gesicht an den Arm« kann auch einfach sein: Sie haben etwas unglücklich mit dem elektrischen Brotschneidemesser in der Küche herumgefuchtelt, und er ist Ihnen in den Aktionsradius geraten. Deshalb müsste es konsequenterweise auch heißen: »Mein Mann greift sich mit schmerzverzerrtem Gesicht an den Rest-Arm!«

»Mein Mann redet plötzlich nur noch wirres Zeug, ist geistesabwesend!«

Den Schaden sollten Sie bei Ihrem Mann in diesem Falle im Bereich des Gehirns lokalisieren. Hier laufen alle Fäden bzw. Synapsen zusammen, hier entscheidet sich eigentlich alles. *(Jaha, das ist auch bei einem Mann so!)* Sollten Sie also feststellen, dass obige Verhaltensmuster bei Ihrem Mann auftreten, dann kann es durchaus sein, dass Ihr Mann …

a) einen **Schlaganfall** hat – nicht zuletzt auch wegen des zu hohen Blutdrucks, vor dem ich eingangs gewarnt habe. Ja, auch den strangulationsgleich roten Schädel, den ich erwähnt habe, wollten Sie ja nicht ernst nehmen. Was tun? Krankenhaus! Punkt.

b) unter beginnender **Demenz** leidet. Traurig genug, wenn es so ist. Falls Sie ihn allerdings Sekunden vorher noch auf die mögliche Affäre mit der Sekretärin angesprochen haben, sollten Sie dieser retardierten Schmierenkomödie nicht trauen. Zu Testzwecken können Sie ihn beispielsweise auf die fatale Vier-Minuten-Meisterschaft der Schalker 2001 oder die Halbfinalniederlage der Deutschen gegen Italien bei der WM 2006 ansprechen – sollte seine Demenz nur vorgetäuscht sein, wird ein Füllhorn emotionsschwangerer Erinnerungen aus ihm herausplatzen. Und schon ha'm Sie ihn!

c) gerade **Sportfernsehen** guckt. Entweder den dortigen Fußballstammtisch, die dortigen Fußballübertragungen, ja, oder natürlich die nackten Ukrainerinnen, die sich ab Mitternacht nackt auf Barren, Matten oder Tartanbahnen räkeln.

d) unter akuter **Gehirnerschütterung** leidet. Möglicherweise dadurch hervorgerufen, dass Sie ihm gerade eben beim Ausparken aus der Ausfahrt vor den Kopf gefahren sind, während er im Vorgarten beim Unkrautjäten war.

Eine weitere Erklärung, warum Ihr Mann wirr redet und geistesabwesend ist, könnte auch sein:

e) Er ist ein Idiot.

Jetzt hilft nur noch eines, Quittung suchen, umtauschen, fertig!

»Die Haut meines Mannes hat sich verändert!«
Im besten Falle ist die Haut Ihres Mannes ein olivfarbener Traum, der sich komplett über seinen Leib erstrafft. Aber auch die eher blässliche, mit kleinen Pigmentflecken gesprenkelte Haut ist völlig in Ordnung.
Kritisch wird es erst, wenn – gerne als Folge permanenter Sonnenanbetung – plötzlich vermehrt dunkle, ausgefranste Hautveränderungen, sogenannte Melanome auftauchen. Soll heißen: Wenn Ihr Mann plötzlich aussieht, als hätte man ihn auf

Leopard oder gar Giraffe geschminkt, wenn er herumläuft, als hätte er die Weltkarte auf den Rücken tätowiert, dann sollten Sie …

1. das Sonnenstudio-Abo kündigen und
2. das knisternde, lederartige Etwas, das mal Ihr Mann war, zum Dermatologen schleppen.

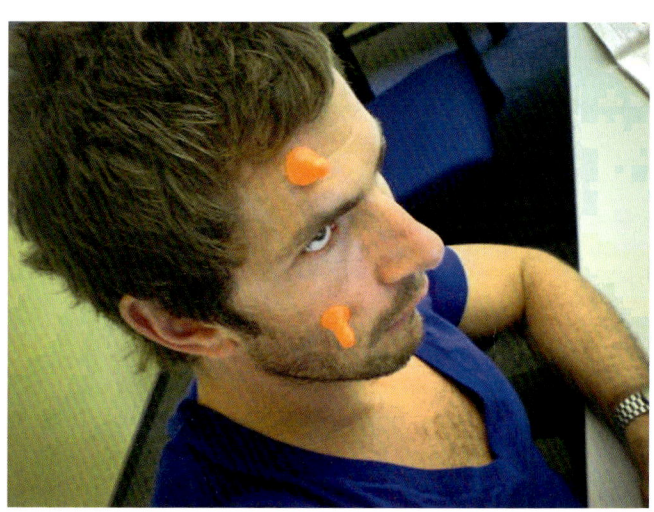

»Mein Mann zieht ein Bein nach!«

Ja, der Gang verrät viel über einen Menschen. Und natürlich auch über Ihren Mann. Die Gründe, warum Ihr Mann durch die Gegend humpelt wie Captain Ahab kurz vorm Abtauchen, sind vielfältig. Da wären z. B.

- Ihr Mann hat sich beim gemeinsamen Sport eine **Blase gelaufen** und bewertet die Schmerzbelastung etwas über.
- Ihr Mann hat eine derart **gewaltige Erektion**, dass ihn sein erstarrtes Penoid am vernünftigen Gang hindert.
- Er hat eben doch einen **Schlaganfall** (s. o.) und bekommt es nun motorisch nicht mehr auf die Reihe.

- Ihr Mann hat sich das Bein gebrochen, weil er beim Heimkehren im Dunkel der Wohnung nicht erkennen konnte, dass Sie wieder einmal das komplette Interieur umgestellt haben. *(Ja, natürlich! Dank Ihrer Umstellwut ist das Bein gebrochen! Oder dachten Sie, dass der rechte Winkel in seinem Unterschenkel normal ist?)*
- Vielleicht haben Sie ihn im Rahmen Ihres Feng Shui-Wahns auch wieder einmal als willfährigen Packesel eingespannt, so dass er alleine Ihren Flügel nach oben in die Galerie schaffen musste. Ergo: Er hat einen Bandscheibenvorfall. Inklusive Taubheitsgefühl und Lähmungserscheinungen … dringend operieren. Es sei denn, er hat lediglich vor:
- Die Krankenkasse zu bescheißen. Dann sollten Sie ihn unterstützen.

Abschließend möchte ich noch einmal eindringlichst an Sie appellieren, Ihren Mann so zu behandeln, wie Sie selber auch gerne behandelt werden möchten. Soll heißen:
- Benutzen Sie seinen Kopf nicht, um Kokosnüsse daran aufzuschlagen.
- Seine Zähne sind nicht zum Öffnen von Bierflaschen gedacht.
- Mit seiner Hand schlägt man keine Flammen aus.
- Seine Unterarme sind nicht dazu gedacht, Holz und/oder Steine zu zertrümmern. *(Es sei denn natürlich, Sie besitzen das Modell »Shaolin-Mönch«.)*
- Seine Füße taugen nicht als Temperaturmesser. Nehmen Sie sie bitte umgehend aus dem Topf mit dem heißen Wasser!

TIPP **Wenn Sie sich nicht ganz sicher sind, ob Sie Ihren Mann pfleglich behandeln oder ob Ihr Verhalten ihm gerade Schaden zufügt: Sein Kreischen und Schreien könnte Aufschluss geben.**

REPARATUREN, ERSATZTEILE, GARANTIE

REPARATUREN

Die Reparatur von modernen Männern erfordert eine qualifizierte Fachausbildung. Ich empfehle daher, alle nicht in dieser Bedienungsanleitung beschriebenen Arbeiten von einer Fachwerkstatt oder ähnlichen Einrichtungen (Therapiegruppen, Ärzten, Kneipen, dem Polen, der beim Nachbarn die Fassade gemacht hat, oder einem anderen Experten Ihrer Wahl) ausführen zu lassen.

Nur der Fachmann verfügt über die erforderliche Ausbildung, Erfahrung und Ausrüstung, Ihnen die jeweils kostengünstigste Lösung zugänglich zu machen und hilft Ihnen mit Rat und Tat weiter. *(Oder sagen wir mal so: Er wird es zumindest behaupten, Ihnen dafür eine wahnsinnige Marie abknöpfen und Sie dann abschließend mit einem Burkina-Faso-esken Finanzloch hinterlassen, von dem selbst Ihre Aktienfonds nur träumen können.)*

ERSATZTEILE

Der zuverlässige Betrieb und die Sicherheit Ihres Mannes hängen auch von der Qualität der verwendeten Ersatzteile ab. Bitte nur Original-Ersatzteile verwenden, denn nur Original-Ersatzteile garantieren eine höchstmögliche Qualität in Material, Maßhaltigkeit, Funktion und Sicherheit.

Original-Ersatz- und -Zubehörteile erhalten Sie bei Ihrem Fachhändler, Ärzten, Organhändlern und Autobahnraststätten.

Bitte beachten Sie auch, dass bei der Verwendung von nicht Original-Ersatzteilen eine Garantieleistung nicht möglich ist. Eigentlich ist auch sonst keine Garantie möglich, aber das interessiert ja keinen. Na ja, damit hätten wir das auch geklärt.

Gut, sicher, Sie können natürlich dem Buddhismus beitreten – da wird Ihnen permanenter Ersatz versprochen, aber Typen, die ständig lächeln, sollte man vielleicht auch nicht alles glauben. Apropos …

GARANTIE

Bitte haben Sie Verständnis dafür, dass bei folgenden Schadensursachen keine Garantie übernommen werden kann:

- Nichtbeachtung der Bedienungsanleitung – was Blödsinn wäre, schließlich haben Sie sich Ihren Mann, das gute Stück, nicht umsonst geleistet,
- Unterlassung von notwendigen Wartungs- und Reinigungsarbeiten,
- Schäden aufgrund unsachgemäßer Einstellungen (*womit in diesem Falle nicht die Einstellung zu Scientologen, Michael Wendler-Fans und ähnlichen fragwürdigen Minderheiten gemeint ist*),
- Verschleiß durch übermäßige Abnutzung,

⚠ Der Dauergebrauch Ihres Mannes ist keine normale Abnutzung!

- Offensichtliche Überlastung durch anhaltende Überschreitung der Leistungsobergrenze (z. B. extreme Kneipennutzung),

- Überhitzungsschaden aufgrund von Verschmutzungen an den Luftein- und -ausgängen *(nein, lassen Sie uns nicht darüber reden, Sie werden es sicher auch so merken!)*,
- Eingriffe nicht sachkundiger Personen oder unsachgemäße Instandsetzungsversuche,
- Verwendung nicht zugelassener Arbeitswerkzeuge sowie Verwendung ungeeigneter bzw. nicht Original-Ersatzteile, soweit diese den Schaden verursachten,
- Verwendung ungeeigneter oder überlagerter Betriebsstoffe *(kippen Sie bitte nicht wahllos alles rein, was selbst ein Fladenbrot nicht mehr aufnehmen würde, danke!)*,
- Gewaltanwendung, Missbrauch oder Unglücksfälle verursacht durch höhere Gewalt.

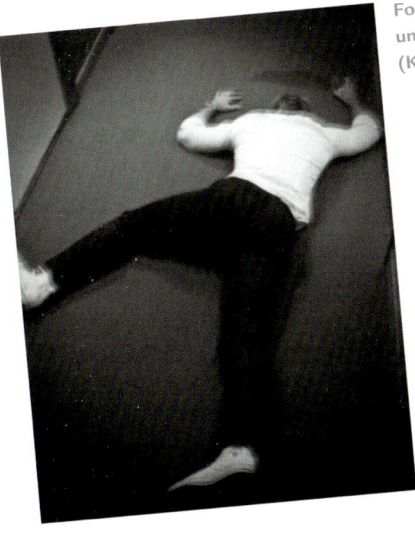

Folgeschaden aufgrund unkontrollierter Überfüllung (Kein Garantiefall!)

Abgesehen davon gilt selbstverständlich: Der »Hersteller« *(Allah, Gott, Jahwe ... aber auf keinen Fall der Autor!)* garantiert eine einwandfreie Qualität und übernimmt die Kosten für eine

Nachbesserung durch Auswechseln der schadhaften Teile im Falle von Material- oder Herstellungsfehlern, die innerhalb der Garantiezeit nach dem Verkaufstag auftreten. *(Der war gut, oder?! Sie würden auch Poldi zum Kultusminister machen, was?) Nein, das tut er natürlich nicht! Vergessen Sie jede Garantie.* Blitzdingsen Sie jeden Gedanken an derlei Gefälligkeiten! Es ist *Ihr* Mann! *Sie* tragen die Verantwortung ganz alleine!

Viel Glück!

HÄUFIG GESTELLTE FRAGEN UND KONFLIKTFÄLLE

»Mein Mann macht, was er will, hört weder auf Zuruf noch auf Liebesentzug!«

- Gratulation zum 20sten!
- Machen Sie sich keine Sorgen, jetzt haben Sie sich auf ein normales Maß des Zusammenseins eingependelt. Falls Sie das dennoch belasten sollte:
- Drohen Sie ihm mit gemeinsamem Urlaub – das wird ihn wachrütteln!
- Sperren Sie die Bierzufuhr. Er wird um ein Gespräch mit Ihnen nicht herumkommen!
- Bestehen Sie drauf, dass seine Geliebte wieder ausziehen muss!

»Mein Mann will nicht essen!«

- Überprüfen Sie Ihre Kochkünste *(sofern der Begriff »Künste« nicht schon völlig unpassend ist)*.
- Nehmen Sie Ihrem Mann die Flasche weg, so dass er gezwungen ist, sich auch mal mit fester Nahrung zu beschäftigen.
- Überprüfen Sie, ob es nicht vielleicht so ist, dass Ihr Mann nicht essen *kann*, weil Sie ihn unablässig in eine Konversation zwängen.

⚠ Ständige Kommunikation macht Ihren Mann anfällig und gereizt, es sei denn, er ist der Aktive in der Kommunikation.

- Legen Sie die Bunte, Gala und Brigitte weg, vermeiden Sie, »Germany's next Top Model« zu gucken und zwingen Sie ihn um Himmels willen nicht, Ihre Diät mitzumachen.

»Mein Mann will ausziehen!«

- Vergewissern Sie sich, dass Sie Ihrem Mann eine ordentliche Atmosphäre bieten können. *(Oft helfen Dinge wie Lappen und/oder Staubsauger – im Zweifel kärchern Sie halt wenigstens mal durch!)*
- Stellen Sie sicher, dass Sie obig genannte Kombination aus schlechter Betankung und Überlastung des Kommunikationsmoduls vermeiden.
- Möglicherweise hat Ihr Mann ein Modell anderen Geschlechts kennengelernt …
- Ach, es ist ein Modell des gleichen Geschlechts? Oha! Jetzt würde ich mir echt Gedanken machen!

»Mein Mann will nicht ausziehen!«

- Möglicherweise erinnern Sie ihn an seine Mutter (also quasi das Vorgängermodell). Den Fehler auszuziehen, macht er nicht noch mal!
- Im Falle von »Mein Mann will *sich* nicht ausziehen«: Na, herzlichen Glückwunsch! Haben Sie's wieder geschafft, ständig an ihm rumzumäkeln und ihn mit all den Clooneys, Pitts und Dempseys zu konfrontieren! Jetzt geniert sich Ihr

Mann ob der eigenen Figur. *(Okay, das war ein Witz. Nie würde sich Ihr Mann für seine Figur schämen!)* Wenn er sich nicht ausziehen will, dann machen Sie es ihm doch einfach mal vor. Sie werden staunen, wie begeistert er dieser kleinen Lektion folgen wird.

»Mein Mann ist immer müde!«

- Nehmen Sie ihm das Puzzle, Rätsel oder Sudoku weg! Auch kleinste geistige Aufgaben kosten ihn unverhältnismäßig viel (Hirn-) Strom.
- Suchen Sie sich eine schöne Arbeitsstelle! Lassen Sie ihn nicht alles alleine machen.
- Suchen Sie *ihm* eine schöne Arbeitsstelle, die zu seinem Problem passt, z. B. Postbote, Schaffner oder Beamter im Einwohnermeldeamt.
- Wenn das alles nicht hilft: Vergewissern Sie sich Ihrer noch vorhandenen Restattraktivität. Schieben Sie's nicht auf die Erotiksensoren – die funktionieren schon bei kleinsten Reizen. Jawohl. Vielleicht sind Sie ein wenig zu dick? Nur eine Spur, keine Frage. Okay, was heißt zu dick, Sie entsprechen zurzeit nur nicht dem Bild, das Ihrem Mann bei seiner Grundprogrammierung als Idealbild implantiert wurde. Da man seine Programmierung aber nicht rückgängig machen kann, sollten Sie es vielleicht mit einer kleinen Gewichtskorrektur probieren, na, er wäre es wert, ganz bestimmt. Obwohl, vergessen Sie es einfach, Sie sind ja nicht zu dick, wie soll das gehen, das hätten Sie doch selber längst bemerkt.

»Mein Mann hasst mich!«

- Überzeugen Sie sich davon, dass das tatsächlich Ihr Mann ist, der von sich behauptet, Sie zu hassen.
- Fragen Sie ihn, ob er sich auch wirklich sicher ist, Sie zu hassen.
- Zeigen Sie ihm, wer für ihn den Kühlschrank füllt und wer auch ganz schnell dafür sorgen kann, dass sein Lieblingsfach im Kühlschrank sehr bald sehr leer sein wird.
- Schenken Sie ihm eine Karte für ein Heimspiel seines Vereins, sein »Hass« wird sich in Bruchteilen von Sekunden in abgrundtiefe Liebe verwandeln. *Aber:* Vergessen Sie nicht diese Sonderausgabe von seinem Taschengeld abzuziehen.
- Haben Sie in letzter Zeit Dinge weggeworfen, die Ihnen sinnlos vorkamen, und gehörten diese Dinge möglicherweise *ihm*? Dann hat er vielleicht einen Grund, Sie zu hassen. Vielleicht wurde die Abfalltonne noch nicht geleert und Sie können Ihren kleinen Fehler schnell korrigieren? An dieser Stelle dürfen Sie auch mal mit der Lektüre dieses Buches aufhören und ganz schnell nach draußen rennen!

»Mein Mann wird immer hässlicher!«

- Kaufen Sie ihm einen Spiegel.
- Ist es wirklich *Ihr* Mann?
- Besorgen Sie sich einen neuen Mann.

»Mein Mann spricht undeutlich!«

- Befreien Sie ihn von Speiseresten.
- Überprüfen Sie sein Alter.
- Checken Sie Ihren Getränkevorrat.

»Mein Mann will sich einen Bart wachsen lassen!«

- Wenn es nicht Ihr Wunsch ist, verbieten Sie es ihm.
- Zeigen Sie ihm Bilder anderer Primaten.
- Vernichten Sie seine Magnum-DVD-Sammlung.
- Ziehen Sie ihm Ihre überhöhte Strumpfhosenrechnung vom Taschengeld ab.
- Schenken Sie ihm einen *eigenen* Rasierer.

»Mein Mann dreht die Heizung ständig auf!«

- Das ist nicht *Ihr* Mann.

»Mein Mann hat einen Dekorationsfimmel!«

- Das ist nicht *Ihr* Mann.

»Mein Mann beginnt im Kino ständig zu heulen!«

- Das ist nicht *Ihr* Mann.

»Mein Mann kann sich nicht entscheiden!«

- Das ist nicht *Ihr* Mann.

»Mein Mann ist grundlos eifersüchtig!«

- Falls Ihr Mann Othello heißt, muss er das sein, falls nicht, tauschen Sie ihn um, das Problem ist dann leider nicht reparabel.

»Mein Mann liebt einen anderen Mann!«

- Kein Problem, damit kann Ihr Mann sogar Popstar oder Außenminister werden.
- Kein Grund zur Trauer, endlich haben Sie wieder mehr Zeit für sich.
- Für den Fall, dass Sie Ihren Mann auch in dieser kontroversen Situation halten wollen, lassen Sie sich einen Bart wachsen, falls möglich.
- Falls das mit dem Bart für Sie nicht in Frage kommt, haben Sie völlig recht.
- Falls das mit Ihrem Mann und dem anderen Mann für Sie auch nicht in Frage kommt, haben Sie möglicherweise auch recht, aber leider kein Recht, an seiner Liebe zu einem anderen Mann etwas zu ändern.
- Achten Sie daher beim Erwerb Ihres Mannes auf Hinweise, die seine Liebe zu anderen Männern andeuten können, wie z. B. ein übertriebenes Interesse an Dekorationsmaterial, eine überdurchschnittliche Bereitschaft im Kino zu weinen und ein signifikanter Mangel an Entscheidungsbereitschaft.
- Falls Ihr Mann über mehr als 249 Paar Schuhe verfügt und sich zum Weihnachtsfest eine Perserkatze mit Papieren wünscht, sollten Sie sich nicht nur gedanklich von Ihrem Mann verabschieden. Das Weihnachtsfest wird er ohnehin mit seinem neuen Partner verbringen, der ihm die Perserkatze längst gekauft hat.

Allerletzte Anmerkung

Aus Respekt vor allen Männern wird in dieser Bedienungsanleitung auf ein ergänzendes Glossar aus- und nachdrücklich verzichtet. Zum einen, weil es mir wichtig erscheint, Sie auf diese Weise freundlich und diskret zur Gesamtlektüre zu zwingen und es nicht bei einer stupiden Stichwortnachschlagerei zu belassen. Zum anderen weiß ich bis zu diesem Moment nicht, was überhaupt ein Glossar ist – bin eben auch »nur« ein Mann.

Damit der Servicecharakter dieses Buches aber erhalten bleibt, biete ich Ihnen nachfolgend ausreichend Raum, um ein eigenes Glossar zu erstellen. Ein derartiges Angebot halte ich für selbstverständlich und mustergültig.

GLOSSAR ZUM SELBERAUSFÜLLEN

. . . .

. . . .

. . . .

. . . .

. . . .

. . . .

. . . .

. . . .

Kneipe – ein Ort, an dem er … ach, Kneipe eben . . . .

. . . .

. . . .

. . . .

. . . .

. . . .

. . . .

. . . .

. . . .

Reicht, oder?

Johann König
Der Königsweg
Triumph der Langeweile
Band 18544

Die königlichste Art, Zeit sinnvoll zu vergeuden!

»Fang heute an mit Müßiggang!« So lautet das Lebensmotto
von Johann König, der notorisch gelangweilt ist – und diesen
Zustand liebt! Denn der Poet unter den Komikern weiß wie
kein anderer, wie man »tote« Zeit positiv nutzt. Egal, ob man
stundenlang nutzlos im Stau, verzweifelt auf den Zug oder
ungeduldig an der Supermarktkasse wartet: Johann kennt das
gut gehütete Geheimnis, das sich hinter der Langeweile ver-
birgt. Anhand kluger Gedanken, bizarrer Gedichte und skur-
riler Fotos lüftet er es und nimmt den Leser mit auf seinen
»Königsweg«. Der Trendscout, Dichter und Denker beweist
damit, dass mehr »freie Zeit« im Alltag steckt, als man denkt,
und zeigt, wie man sie sinnvoll nutzen kann. Ein herrlich
kluges Buch!

»Manchmal braucht es eben einen Komiker wie
Johann König, um die Wahrheit herauszufinden.«
Süddeutsche Zeitung

Fischer Taschenbuch Verlag